工事写真
品質向上研究会

マンガで学ぶ

建築工事写真の撮り方

井上書院

推薦のことば

建築生産の特性は一品生産であり，同じ製品を多量に生産をするものではありません。施工管理を行ううえで大切なことは，過去の経験だけで判断するのではなく，科学的な要因分析を行い，それに経験を加味することです。また，建物の品質を確保すること，その中には品質保証が最も重要となります。品質保証を行うために工事施工者は施工管理を徹底し，品質確保を行うことが必要です。

そうした中で，品質保証を行うひとつのツールとして「工事写真」があります。「工事写真」は隠ぺいされた過去の状況，つまり取り出すことができない部分の品質および性能が，契約書や設計図書に示された要求品質に対し，適正な施工が行われたかどうかを判断する資料として必要不可欠なものです。

本書は，親しみやすい「マンガ」形式により工事着工から竣工までの各工種ごとに，技術面からのポイントも含め，工事写真をどのように記録・保存したらよいかをやさしく解説したものです。

施工管理に携わる若手技術者の方々にとって，楽しみながら学べる本として大いに役立つものと思われます。

2000 年 2 月　　社団法人建築業協会　施工部会

はしがき

建築工事は，天候や自然条件に左右されながら現場でそのつど手作業によって品質をつくり上げていくものです。したがって，私たち現場管理を行う者にとっては，その品質がきちんと確保されているかどうかを検証する必要があります。

建築工事では掘削工事，杭工事，鉄筋工事，型枠工事というように，さまざまな工種が組み合わさって進行していくため，極端にいえば毎日，前の施工の完成状況が隠ぺいされることになります。こうした隠ぺいされた施工品質の記録を施主や監理者に提示する際のいわば，仕様書の品質を保証するための手段として重要な役割を果たしているのが工事写真といえます。

しかしながら，昨今の建築現場の状況はというと，工事写真の重要性は現場管理者に認識されていながらも，工事写真としての条件が十分に満たされた内容とはなっていないのが実状です。なかには，写真のモデルとなる品質そのものが仕様どおりにできていないにもかかわらず，平気で撮影し，それを提出している場合もあり，こうした状況は現場管理者として深く反省しなければならない点といえるでしょう。工事写真は単なる写真ではなく，契約書に基づく建築全体の品質を証明するものだという認識に立って撮影する必要があります。

一方，今日の建設環境では，リニューアル工事の需要が増えており，工事写真は建物の維持管理や改修工事においても大変重要な資料となります。このように，工事写真の重要性は今後ますます高まっていくことでしょう。

ところが，工事写真の撮り方についての解説書は意外にも数が少なく，一般的には，現場の先輩などからの指導によって知識を身につけているのが現状です。

本書は，このような状況を踏まえ，『マンガで学ぶ』シリーズとして企画・編集されたものです。建築現場における「工事写真の撮り方」について，ひとつの工事をモデルに，工事写真の撮影計画のたて方から実際に写真を撮るうえでのポイントまでを，「マンガ」形式でわかりやすく解説しました。しかし，本書の内容は絶対的な基準を示すものではありません。この点を考慮に入れ，必要に応じて施主や監理者に確認して下さい。

現在，建築現場で活躍される技術者や若手設計者，専門工事業者の方々，これから建築界に巣立とうとする学生諸君に読んで頂き，本書を有効に活用され工事写真の品質向上の一助になれば筆者らにとって幸いです。

なお，本書の作成にあたり，工事写真の提供を頂いた皆様に心からお礼申し上げます。また，井上書院の関谷勉社長，編集部石川泰章氏，山中玲子氏をはじめ皆様のご努力により本書を完成させることができました。最後に謝意を表します。

2000年２月　　工事写真品質向上研究会代表　佐塚和夫

●目次●

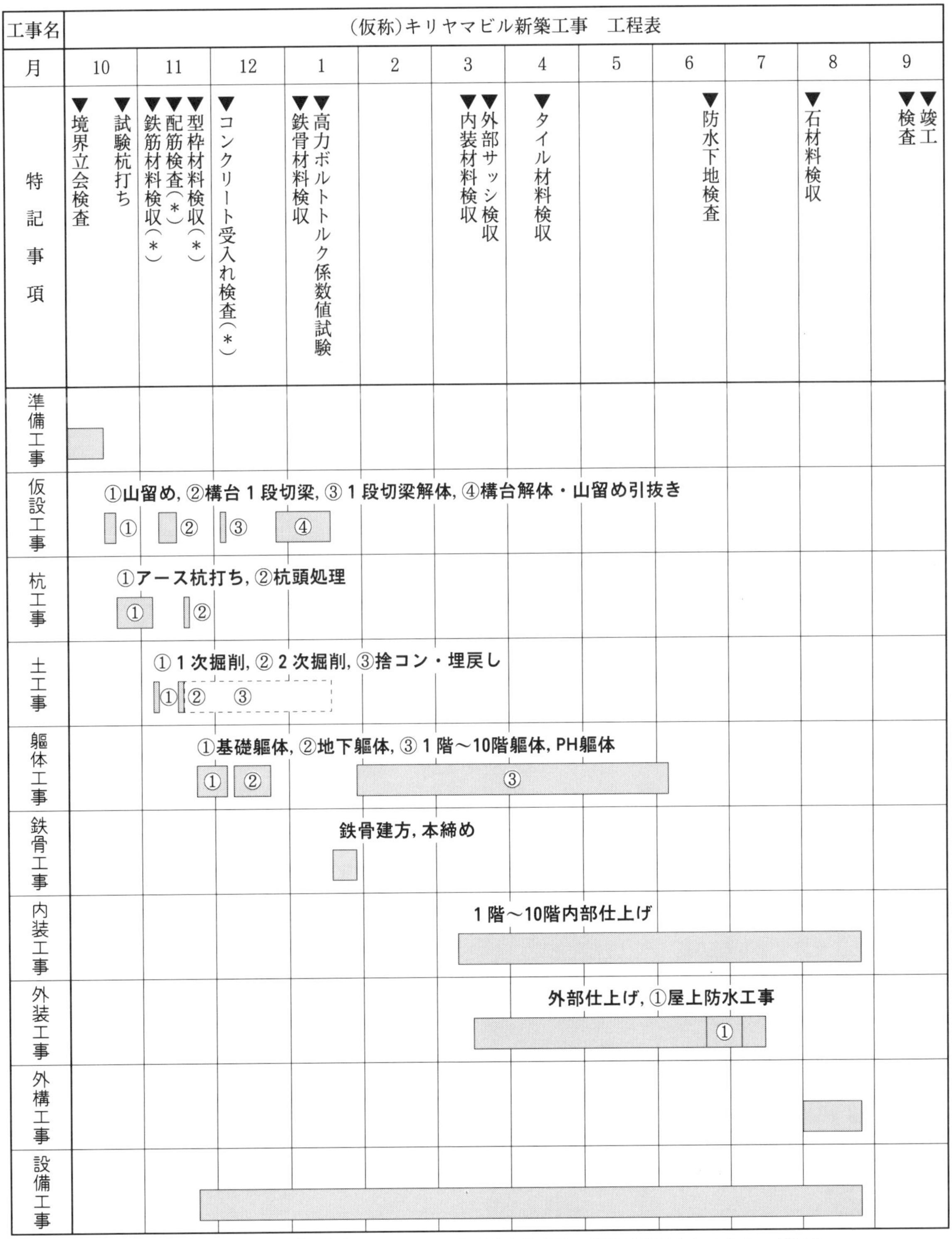
工事名
（仮称）キリヤマビル新築工事　工程表
月
10
11
12
1
2
3
4
5
6
7
8
9
特記事項
▼境界立会検査
▼試験杭打ち
▼鉄筋材料検収（＊）
▼配筋検査（＊）
▼型枠材料検収（＊）
▼コンクリート受入れ検査（＊）
▼鉄骨材料検収
▼高力ボルトトルク係数値試験
▼内装材料検収
▼外部サッシ検収
▼タイル材料検収
▼防水下地検査
▼石材料検収
▼検査
▼竣工
準備工事
仮設工事
①山留め，②構台１段切梁，③１段切梁解体，④構台解体・山留め引抜き
①
②
③
④
杭工事
①アース杭打ち，②杭頭処理
①
②
土工事
①１次掘削，②２次掘削，③捨コン・埋戻し
①
②
③
躯体工事
①基礎躯体，②地下躯体，③１階～10階躯体，PH躯体
①
②
③
鉄骨工事
鉄骨建方，本締め
内装工事
１階～10階内部仕上げ
外装工事
外部仕上げ，①屋上防水工事
①
外構工事
設備工事

（＊）鉄筋材料検収，配筋検査，型枠材料検収，コンクリート受入れ検査は，躯体工事においてそのつど行う。

登場人物を紹介します

加納紀信（26才）
彼は，この物語の主人公である。神楽組に入社して3年目とのことだが，入社後に現場に出て作業に接したものの，その後支店の積算課に移ったので，現場経験と知識は，まあ教科書程度ってところだ。今回の仕事でしっかりポイントを身につけてくれよ！

本木千代子（35才）
飯田橋設計事務所　設計監理担当者

大野雄三（48才）
神楽組・東京支店工事管理部長

左から，先輩の柳瀬さん（33才），温厚でまじめ（？）な坂井所長（43才），加納くんの心の支えで，キリヤマビル作業所の事務担当の相田さん（年齢は…）。

左から，キリヤマコーヒー店主で施主の桐山さん（42才），話し好きの長岡さん（75才），浜写真館の浜さん（50才）。

我輩はカメラである。諸君！　建築工事写真は正しく撮れているかな？　ピンボケ撮っても腕の悪さを棚に上げて，カメラのせいにしてないかい？
今回は加納くんを通じて正しい建築工事写真の撮り方をバッチリ仕込んであげよう！

＊この物語は創作です。登場する人物名，団体名は実在のものとは一切関係ありません。

1章

工事写真の撮影計画

…ほう ここが新しい 作業所か…
ん!? おっと これは失礼! 我輩はカメラである 名前はまだない
我輩は ご覧の通り 建築現場で 働くカメラである
配属先や任務も決まり 今日から 神楽組の一員として 竣工に向けて 頑張るつもりである
しかし 我輩の場合 仕事の善し悪しは 使う相棒の 腕にかかって くるんだよねェ…
さて今回は どうかな?

所長！大野部長がおみえになりました
あっこれは…
どうだいいごこちは？
はい相田さんのおかげでなんとか…
ああお茶はいいですよ相田さんすぐ出ますから
これから部長と飯田橋設計事務所の本木さんとこに挨拶に行ってくるから
はいお帰りは？
ん！
3時ごろには終わりますかね？
そうしぼられなければな

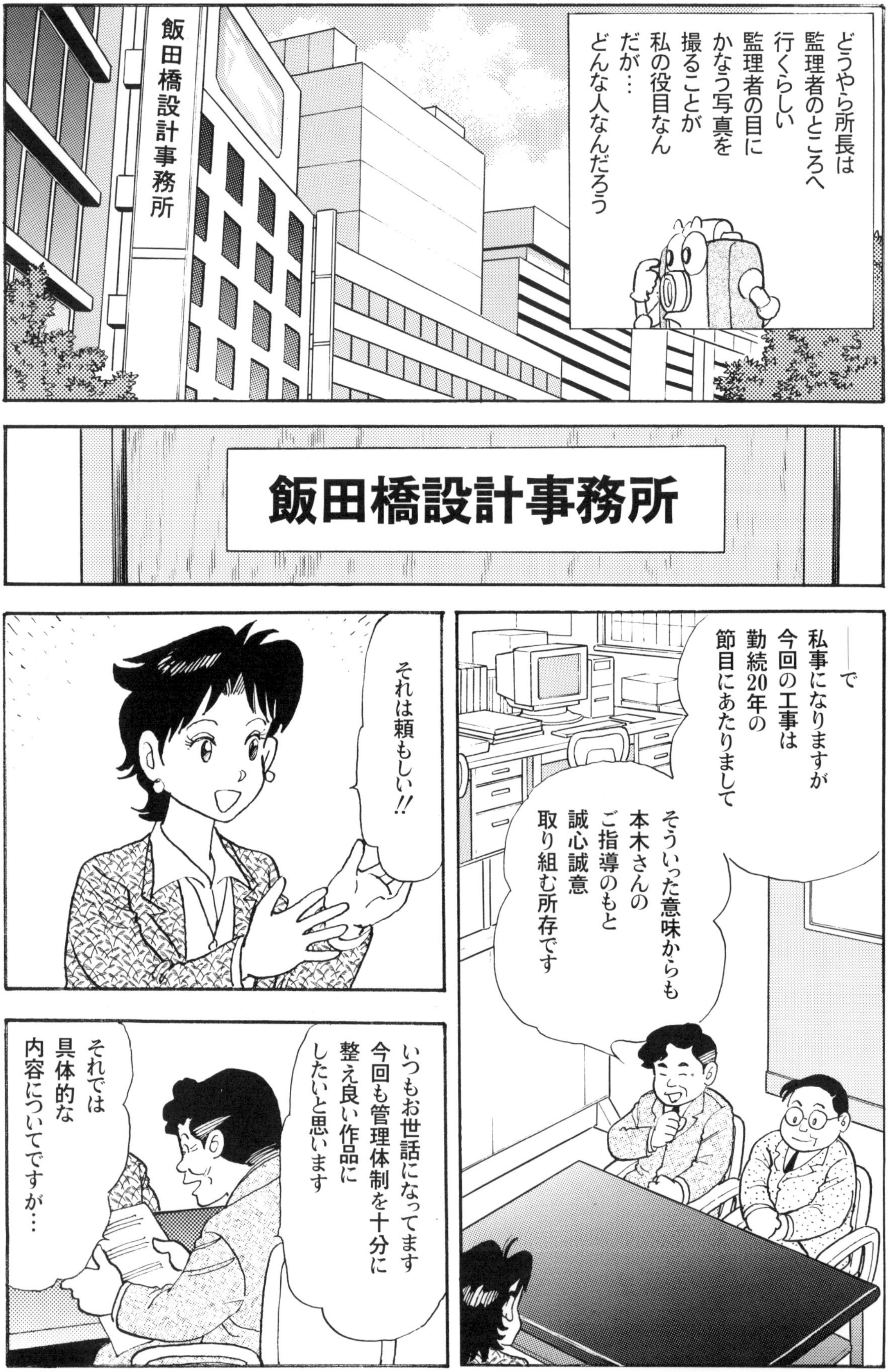

飯田橋設計事務所
どうやら所長は監理者のところへ行くらしい
監理者の目にかなう写真を撮ることが私の役目なんだが…
どんな人なんだろう
飯田橋設計事務所
──で私事になりますが今回の工事は勤続20年の節目にあたりまして
そういった意味からも本木さんのご指導のもと誠心誠意取り組む所存です
それは頼もしい!!
いつもお世話になってます
今回も管理体制を十分に整え良い作品にしたいと思います
それでは具体的な内容についてですが…

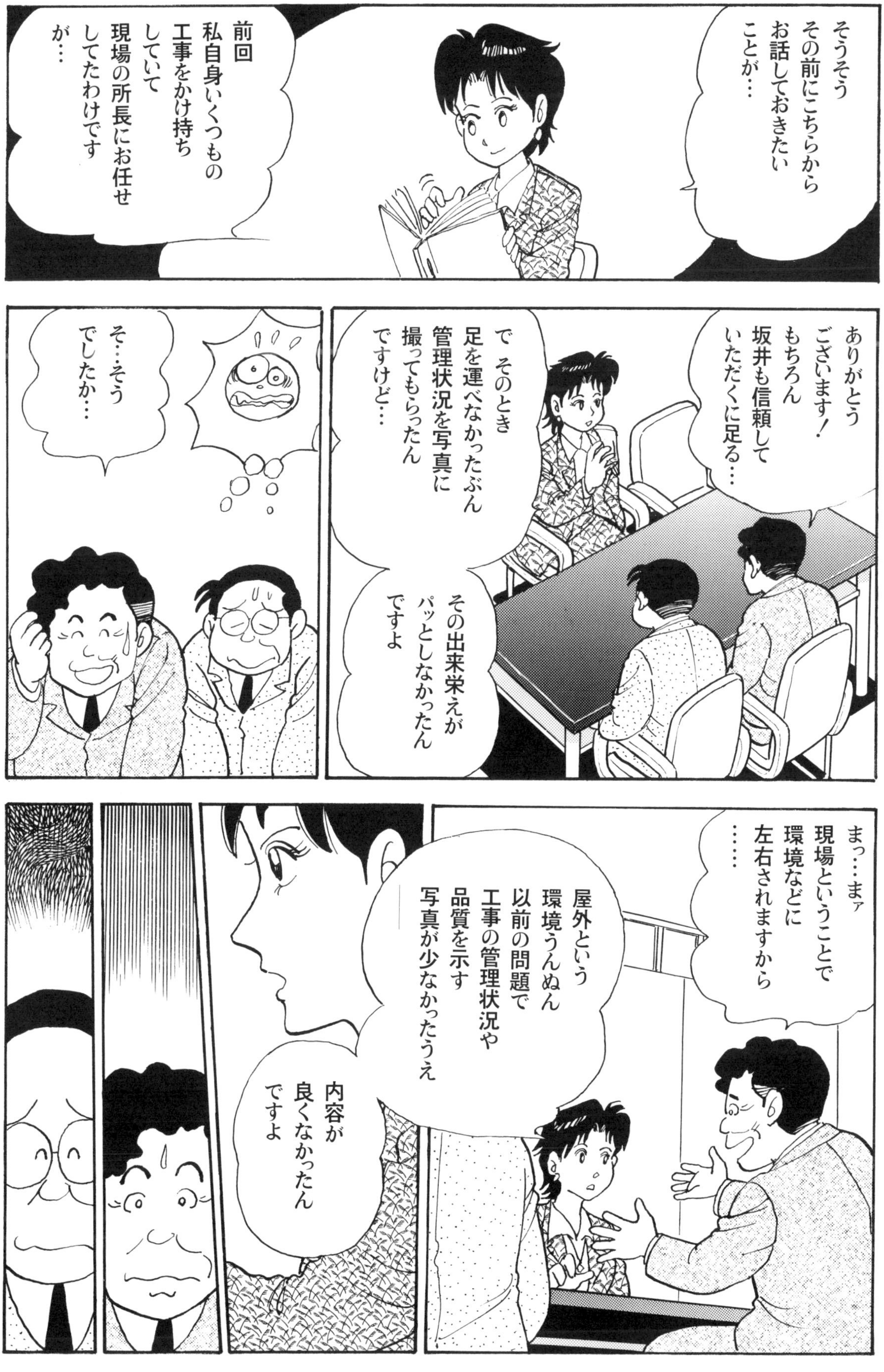
そうそう その前にこちらから お話ししておきたい ことが…
前回 私自身いくつもの 工事をかけ持ち していて 現場の所長にお任せ してたわけです が…
ありがとう ございます! もちろん 坂井も信頼して いただくに足る…
で そのとき 足を運べなかったぶん 管理状況を写真に 撮ってもらったん ですけど…
その出来栄えが パッとしなかったん ですよ
そ…そう でしたか…
まっ…まァ 現場ということで 環境などに 左右されますから ……
屋外という 環境うんぬん 以前の問題で 工事の管理状況や 品質を示す 写真が少なかったうえ
内容が 良くなかったん ですよ

解説コーナー

Q　工事の管理状況や品質を示す写真を撮影する際には，どのようなことに注意したらよいのですか？

さて，皆さんは工事監理の意味をご存じでしょうか？　工事監理とは，建築士法第２条６項に，「工事を設計図書と照合し，それが設計図書のとおりに実施されているかいないかを確認すること」と定められており，設計図書のとおりに工事が実施されていない場合には，工事監理者は施工（管理）者に対して，不適切な内容を是正させるなどの措置を講じることになります。

そこで，施工（管理）者としては，工事監理の内容をしっかりと把握しておく必要があります。しかし，監理項目は多岐にわたります。代表的なものとしては，施工図の受領（実質上の確認），工事監理一覧表（各設計事務所や官公庁で内容が定められている）に基づく工事の確認・立会い，施工報告書の確認，中間検査，竣工検査等があります。

したがって，「工事管理状況の写真」を撮影する場合には，この「工事監理一覧表」に基づく工事の内容をよく確認し，十分理解したうえで撮影しなければなりません。

1. 縄張り，ベンチマーク決定の立会い
2. 既製杭，場所打ちコンクリート杭の試験杭
3. 支持地盤の確認，地盤の載荷試験
4. 配筋検査―基礎，地中梁，立上り部の梁・柱・スラブ・壁
5. 特殊コンクリート等の試験練り
6. 鉄骨工事検査―原寸検査，工場検査，製品検査
7. 特殊軀体（PC 他）の検査

図１「工事監理一覧表」に基づく工事写真の重要項目

また，「品質を示す写真」を撮影する場合には，上記の「工事監理一覧表」に基づく項目およびその他の事項について，仕様書どおりの品質の材料を使用し，決められた手順に従って施工されているかが，写真から判断できるように撮影しなければなりません。これには品質の測定状況や試験を示すものも含まれます。

たまたま周囲の景色から撮影場所が違うことを説明したんですけど……
それに撮影者はスラブ筋の梁への定着寸法を撮っているつもりだったんでしょうけど…
黒板にはスラブ筋の配筋ピッチが書いてあって写真と黒板の内容が合わなくて困ったわ
もっ…申し訳ありませんでした！
まっ神楽組さんに限らず現場では工事写真の質が一般に低下してるようですね
私どもが若い頃は写真も貴重品だったせいかもう少し丁寧に撮っていたんですが…
ですから今回の工事では工事の管理状況が写真からでも把握できるようまとめ方にも配慮していただきたいんです
これまでの工事写真の内容では不備があると…？
というよりはどうもそのまとめ方に個人差があるようで…
とても丁寧に細かくやっている現場もあればおざなりの所もあったり…

そうですか…
一応のガイドラインはあるんですが…
そうねェ現場サイドと監理者の目の違いかしら……
そうはいっても私としても参考例になるようなものを作りたいのよ
そこでこれまでの仕事を通じてわかりやすいまとめ方を考えてみたんで一緒に取り組んでいただけませんか？
わかりました！
ご指示を頂戴しまとめさせていただきます!!
その1
まず…現場に搬入する材料は，作業中の写真の途中に入れず，使用材料の写真として各作業の始まる前に必ず付けること。
おっしゃる通りです！
右に同じ
その2
次に，品質管理の写真も工事状況の写真とは区別し，狙いとする品質がよくわかるものであること。特に隠ぺい部の写真は工事中の問題解決だけでなく，竣工後に発生する問題や建物の維持管理にも役立ち非常に重要ですからね。あっ，そうそう，隠ぺい部に限らず写真は枚数が多ければいいってものじゃないってこと。狙いとするものを明確にしていただく必要があります。
まったくその通りです！
右に同じ

その3
そして一番大切なのが，前もって何を撮るかを計画しておくということ。忙しさのあまり，必要な写真を撮り忘れるなんてこともありますからね。作業が進んでしまうと，後戻りして撮ることもできないし…
ごもっとも！
右に同じ
できれば撮影計画書を作りあらかじめ撮影する対象、撮影者、写真の重要度、撮影内容を決めていただくと安心ですね
は…はい
フムフム…さすがにいいこと言ってるねェお二人さんすっかりたじたじだ

解説コーナー

Q 工事写真の撮影計画を立てようと思うのですが，どのような手順で進めたらよいのですか？

工事写真は，建物の着工から竣工・引渡しまでの間に行う各種検査と並んで，品質を保証するための手段として大変重要なものです。工事写真の果たす役割を十分認識し，手戻りのないよう工事着工前にきちんとした撮影計画を立てることは大切です。

また，撮影計画ができたら一度監理者に相談するとよいでしょう。

仕様書，設計図書の理解	建物の用途，種類，規模，仕様，工種を理解する。
↓	
撮影者の決定	撮影者は工種別か，専任か。また，提出書類作成者および写真保存担当者も決めておくとよい。
↓	
撮影対象項目の決定	仕様書の指定や官公庁への提出内容を調べ，何を撮影するかを決める。また，立会い者の有無も決めておくとよい。
↓	
撮影時期・頻度の決定	工程表より，撮影対象項目や必要枚数，撮影の頻度をあらかじめ決めておく。
↓	
撮影用具の準備	カメラ，フィルム，黒板の制作，スタッフ，リボンテープの数量を把握する。
↓	
撮影の実施	撮影のしかたを理解し，撮影方法を決める。立会者（施主や監理者等）がいる場合には，顔が確認できるように撮影する。
↓	
写真内容の確認	ネガフィルムまたはプリントされた写真で内容をチェックする。この際，写真担当者だけでなく，上司とのチェック方法も決めておく。
↓	
写真の整理と保存	写真の整理・保存方法を決める。現像を写真店に依頼する際の，フィルムの集配方法や焼き増し方法，保存方法（ネガかベタか，プリントか）も決めておく。
↓	
写真の提出	工事写真を施主や設計監理者，官公庁に提出する際には，仕様書に指定されている方法に従って提出する（提出先と事前に打合せを行い決定しておくとよい）。

図1 工事写真の撮影計画作成の手順

ふーっ
やれやれ
今日は本木さんから
とんだ先制パンチを
食らったなァ
営業中
コーヒー
でも言われて
いることは
もっともですし
当社の写真を見ても…
耳が痛い限りです
そうだな
君も着工前で
何かと忙しい
だろうが
ここはひとつ
本木さんが満足
する写真の
計画書を作って
安心していただこう
じゃないか！
わかり
ました!!
あっ…
ところで
このような作業を
担当してもらう
若手を配属して
いただく件ですが
……
うん 支店の
積算課にいる
加納くんという人物だ
入社3年目だったかな？
積算…!?
では現場経験が
ないんですか？
いや 新人の頃は
出ていたようだ
といっても
知識も浅い
だろうから
よく指導して
やって欲しい
はァ
現場に出た
というより
見たってトコか
先が思いやられる
なァ…
式会社
神楽組
ふぇ〜っくしょん!!
あら加納くん
風邪？
いいや
ちょっと
寒気が…

どっかで女子社員たちが噂話でもしてんじゃないの？
加納さんってステキ♡なんちゃってね
坂井所長の不安は的中のようであるなトホホ…
ゴオ〜
ガタ。ゴト。
うーん事務所に帰ったらすぐに取りかかるか本木さんにできるかぎり早く提出しなくちゃね
あらー『坂井所長ってできる人だわ渋い中年ってステキ♡』なんちゃって♡
どっちもどっちだあ
数日後——
……
……
そうだ！これまで考えてきた工事写真の計画もここに載せよう!!

解説コーナー

Q 設計監理者などに提出する工事写真をわかりやすくまとめるためには，具体的にどのようにすればよいのですか？

工事写真を監理者に提出する場合には，市販の差込み式アルバムに整理するのが一般的ですが，ここで大切なことは，見る側の立場になって整理するということです。つまり，この工事写真は何を撮ろうとしたものなのか，ひと目見て容易に判断できるようにまとめる必要があります。

図１は，工事写真をまとめるうえでの注意事項を記したものです。これらの内容は，施工段階において常に確認するよう心掛けましょう。

また，わかりやすい工事写真のまとめ方の例を図２に示しましたので，参考にして下さい。

1. 写真の順番は，材料の確認写真の次に施工手順の写真となっているか
2. 使用材料は，仕様書のとおりか
3. 施工手順は，仕様書のとおり決められた順序となっているか
4. 工事写真帳の記入欄に，必要事項の記入もれはないか
5. 使用する商品名は記入されているか
6. 写真と記入事項のくい違いはないか
7. 不鮮明な写真はないか

図１ 工事写真をまとめるうえでの注意事項

記入例

No. 1
材料確認写真
屋根保護防水密着工法
種別：A-1，場所：屋上
アスファルトルーフィングの商品名

記入例

No. 2
工程 1
アスファルトプライマー塗り
使用量 0.2 kg/㎡

記入例

No. 3
工程 2
アスファルトルーフィング
アスファルト流し張り
使用量 1.0 kg/㎡

注）一般的には，１ページに写真が３枚しか入らないため，次のページに以下の工程を続けるとよい。

図２ 工事写真帳（例）と記入例

あら なんのリスト ですか? ずいぶん たくさん …
ん?
ああどうも ほら例の 本木さんからの 宿題さ
きのう大野部長から 工種別の撮影項目 一覧表が送られて きたんだが正直言って 驚いたよ なんと撮影項目で約400 躯体工事だけで 200項目近くだからね うんざりだよ
確かに写真は ずいぶん撮り ますよね フィルムと現像代の 請求が けっこうあります もの
ははは 相田さんは 財布から なんでも わかっちゃうん だな
!
しかし…待てよ!
今回の工事に 該当しない 工種もあるん だから 少し減らせそう だな… よし! 財布のためにも 減量作戦 開始だ!!
ところで 諸君は 今回の 工事概要を 知っているかな?
所長が項目を 整理している間に チェックしよう 次ページへ!

工事概要	
工事名	(仮称)キリヤマビル　新築工事
工事場所	東京都Ｓ区津久戸町△-△-△
発注者	桐山　満　　連絡先 03-○○○○-○○○○
設計者	飯田橋設計事務所　担当者　鈴木　清　　連絡先 03-△△△△-△△△△
監理者	飯田橋設計事務所　担当者　本木千代子　　連絡先 03-△△△△-△△△△
施工者	神楽組　担当者　坂井継夫　　連絡先 03-××××-××××
施工形態	単独
工　期	契約：平成△年10月１日～平成×年９月30日／実施：平成△年10月１日～平成×年９月30日
建物用途	１階店舗　２～９階賃貸住宅　10階施主住宅
地区・地域	防火地区・商業地域
敷地面積	148.75㎡（45.00坪）
建築面積	100.33㎡（30.35坪）
延べ床面積	法定延べ床面積：885.98㎡（268.01坪）
構造規模	SRC造　地下１階　地上10階
基礎地業	アースドリル杭
高さ・深さ	軒高：設計GL＋30.7m　最高高さ：設計GL＋31.4m　基礎深さ：設計GL－5.8m
仕上げ概要	［外部］屋上・屋根：アスファルト防水，保護コンクリート押え 外壁：御影石，タイル（二丁掛） ［内部］建具：AW　SD　WD 床：Ｐタイル　長尺シート　タイルカーペット 壁：ビニルクロス　陶磁器質タイル 天井：ジプトーン　岩綿吸音板　ビニルクロス

設備工事概要

＊本工事に含まれる工事は○で表示

電気設備工事

	受変電		放送設備
	発電機	○	インターホン
	蓄電池	○	自火報
○	幹線		防火戸
○	動力		セキュリティー
○	電灯コンセント	○	避雷針
○	照明器具		中央監視
	誘導灯		
○	電話配管		
○	テレビ共聴		

衛生・空調設備工事

○	給水		浄化槽
○	給湯		
○	衛生器具		
○	排水・通気	○	空気調和
○	ガス	○	換気
○	消火栓		排煙
	スプリンクラー		自動制御
	泡消火		
	不燃性ガス消火		
	粉末消火		

その他	住戸数：16＋１戸

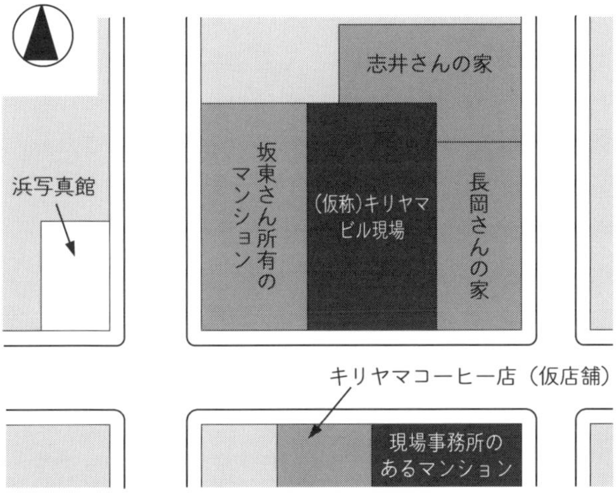

FAX送信用紙

工事写真の撮影ミスを防ぐよい方法はありますか？

現場で撮影される工事写真の中には，必要な写真を撮り忘れたり，要求に適切でなかったりと，工事写真の目的が十分果たされていないものがよくあります。このような問題を防ぐためにも，工事写真の撮影計画を事前に立てておく必要があります。また，撮影のしかたを日頃から研究しておくことも大切です。表1は，工事写真の種類と問題点を整理したものです。この表から，よく問題となることは何かをしっかりと把握し，工事写真の撮影計画を立てる際の参考にして下さい。

表1 工事写真の種類と問題点

工事写真の種類	概　要	よく問題になる点
❶着工前写真	工事着手前の状況の写真	工事開始前に撮影しなければならないが，忘れられることが多い。
❷定点写真（全景写真）	着工から竣工までの進捗状況を，一定の位置から撮影した写真	建物が完成に近づくに従って，全体が入らなくなることがある。
❸施工状況写真	工種ごとに作業状況を撮影し，工事の概況を把握する写真	工事写真の中心的存在の写真であるが，撮影目的が明確でないため役立たないものや，手順が不明確で施工状況が見る人によくわからないものが多い。

表1 工事写真の種類と問題点（つづき）

工事写真の種類	概　要	よく問題になる点
❹材料検収写真	搬入時における材料の仕様との比較のための写真や，使用済み材料の空き缶等，使用材料の確認の写真	仕様に合わない材料写真や，材料使用後の写真が少ない。
❺配筋写真	主筋の本数，定着，のみ込み等の配筋写真	①仕様と違う写真が平然と撮られていたり，各配筋ごとの写真の種類・枚数が少ない。 ②梁筋の上筋はよく撮るのに対して，下筋の撮影が少ない。 ③箱尺やリボンテープでないと判読できないところを，コンベックスを用いて撮ることがあるが，よく見えない。 ④対象物がマグネットを使用して明示されていれば判読できるのに，そこまでの実施が少ない。
❻施工管理写真（品質確認写真）	各作業を仕様書の手順に従って撮影し，品質を確認する写真	手順が省略され，仕様に合致していないものがある。
❼検査指摘写真	監督員や監理者の検査指摘事項の確認写真	①指摘事項が何であるのかが不明な写真がある。黒板に指摘事項がよくわかるよう，図示するとわかりやすいが，なかなかされない。 ②箱尺・リボンテープの数値が読めない。
❽検査是正写真	監督員や監理者の指摘事項の手直し完了写真	①是正事項をよくわかるように黒板に記載されていない。 ②箱尺，リボンテープの数値が読めない。 ③検査指摘写真と同じアングルで撮影されていない。
❾隠ぺい部写真	特に隠ぺい部写真という名称はないが，将来を考えてあらかじめ，隠ぺい部になるところを撮影しておく写真	経験上の感覚的なものが必要とされる。これはと思った写真は撮影しておくとよいが忘れられがちである。
❿コンクリートの品質写真	フレッシュコンクリートの入荷時の品質写真や圧縮試験時の写真	黒板の記載事項が多いため，記入事項が読めない写真が多い。
⓫設備写真	設備関係全般に及ぶ写真	①アウトレットボックス取付けのため配筋が変形し，建築の品質が損われている写真がある。 ②設備の写真に，建築の不具合が写り問題となることがある。 ③設備と建築の打合せが十分でないことが判明している施工写真がある。

こいつを出力して…っと
よしっ これで加納くんにもよく説明ができるぞ！
これなら本木さんも十分納得してくれるだろう！
一週間後——
……では設計上の問題はこのへんにして…
えー 前回の宿題の件…こちらでまとめてまいりました
拝見します
…………
ドキドキ

すばらしいわ！施工計画書もさることながら工事写真の計画も良くできていると思います
コンクリートの品質管理写真はどこの現場でもよく撮っていただいていますが写真全体をここまで整理していただくと全体像が把握できて私も監理しやすいわ！
写真のまとめ方も最初に材料の搬入時の写真から始まって工程ごとに整理されているようですから非常に見やすいと思います
現場に立ち会っている感じですね
そのへんは配慮しました
写真も工程に沿って手順よく撮っていただければこの現場はよく管理されていることがわかるし……
私もまとめながらそう感じました

工事写真帳 1　工事写真の整理方法

工事写真の整理方法は，写真の管理に対する考え方によってだいぶ異なります。最も多いのは，ベタ焼きとネガフィルムを組み合わせた写真の整理方法（図１）でしょう。しかし，この方法ですと，ベタ焼きからルーペを使って品質を判定することになり，写真の提出時に思わぬ間違いに気づくなんてことになりかねません。その点サービス判とネガフィルムを組み合わせた整理方法（図２）ですと，このような問題を防ぐことができます。また，つねに写真と対面することから，必要な写真がすぐ焼き増しできて便利です。

まさか皆さんの中で，ネガだけを集めておいて，提出する段階になってサービス判に焼き増しし，写真の判定もせずに提出しようとする人はいないでしょうね？

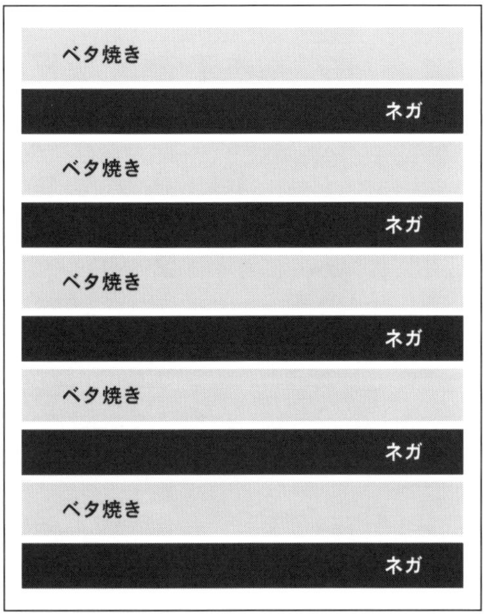

図１ ベタ焼きとネガフィルムを組み合わせた整理例

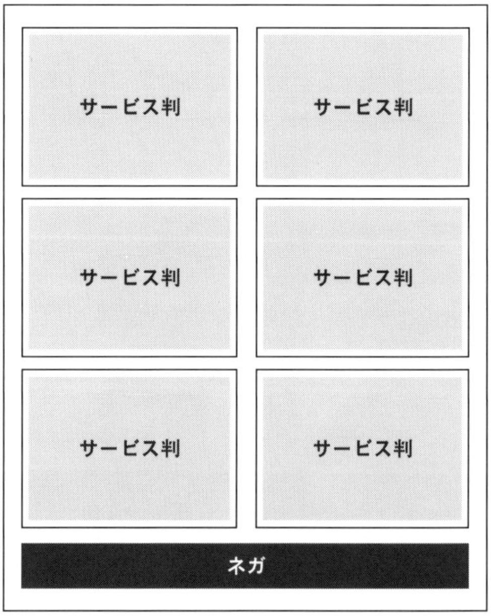

図２ サービス判とネガフィルムを組み合わせた整理例

APS（Advanced Photographic System）カメラで写したフィルムは，撮影した時のカートリッジの中に入った状態のまま，インデックスプリントが付いて返却されます。このインデックスプリントやプリントの裏側には，カートリッジの ID ナンバー（一つひとつ固有の識別番号）が印字されているので，ID ナンバーからカートリッジを簡単に見つけることができます。カートリッジのメモ欄に，撮影年月日・撮影場所などを記入しておくと，整理するときに便利です。市販の APS カートリッジアルバムは，小容量のものから大容量のものまでいろいろなタイプがあり，通常インデックスプリントも一緒に収納できるようにポケットファイルが付いています。

検査の立会い写真と指摘写真や改善写真もそのつど出していただけるようですし安心しました
理解されてよかった…これからは実行だな…
加納くん……か
その頃われらが主人公の加納くんは…
ねェねェこんど腕を買われて写真の仕事するんだけどその前にモデルしない?
またね

豆知識

◆工事写真の撮影に必要な機器と撮影方法について◆

工事写真の撮影では，いかに撮影計画が大切であるかがおわかりいただけたことでしょう。

さて，次の章からいよいよ工事写真の撮影に入るわけですが，実際に，工事写真を撮影する際にはどのような機器が必要なのか，失敗しないための撮影方法とは何か，について紹介します。また，日頃より必要に応じてカタログや写真に関する書籍・雑誌等に目を通して研究しておくとよいでしょう。

表１ 撮影に必要な機器等

項　目	使用に適した機種	説　明
❶カメラ	レンズシャッター式ズームレンズ付AF（オートフォーカス）全自動防水35㎜カメラ	①防水性能：JIS保護等級７級（防浸型） ②フラッシュ：手ぶれ限界輝度時に自然発光フラッシュ機構
❷フィルム	①晴天屋外：ISO100，200 ②夕方，曇天：ISO200，400 ③ストロボを多く使用する場合：ISO400	
❸黒板	使用用途により黒板かホワイトボードかを決める。	①自立型 ②ホワイトボード：日光が反射して文字が見えないことがある ③黒板の表示方法：74ページ参照
❹スケール	①リボンテープ ②スタッフ（箱尺） ③ハイロッド（ハイロッドクロス）	ハイロッド30～150cmまである。

表２ 撮影方法（オートフォーカスの場合）

項　目	方　法	注意事項
❶カメラを構える	撮影位置を決め，からだは両脇を締め，両手で持つ。シャッターは指の腹で一杯まで押す。	指でレンズやストロボを押さえないこと。
❷構図を決める	①撮影する対象が中心になるよう，正面から撮る。 ②ファインダー中央部のターゲットマークに被写体が入っていることを確認する。	①斜めから撮影することで対象がよくわかる場合もあるが，スタッフの数値とピッチが確認できない場合があるので注意する。 ②風景を撮るのと違い，撮影対象を中心に明確にする。 ③部分詳細の必要な写真については，寸法や溶接は近接距離で撮影する。さらに，その詳細がわかるために部分全体を撮る写真は，少し離れて撮る。
❸黒板をあてる	①近距離で撮影する場合は，黒板の文字が見える位置で撮る。 ②広い範囲で作業全体を撮影する場合の写真では，黒板は写らないが，その写真以外に同じ位置または付近で，黒板が読める近距離撮影も同時に行う。	①黒板の文字がよくわかるように，しっかり記入する。 ②黒板の記載事項に誤りのないことを確認する。
❹シャッターを押す	シャッターを押し，ファインダーのランプが点いたことを確認する。	手振れの生じた場合には，再度撮影を行う。

2 章
準備工事の写真の撮り方

初めまして！入社3年目になります加納紀信です!!
現場には新入社員時に配属されましたが大学の記念館の作業所で山留め工事の途中から内装工事の途中まででした
実質今回が初めてになりますのでよろしくお願いしまーす！
パチパチ
名前は立派なんだけどね
うーん現場経験の乏しい加納くんかァ大丈夫かな…？所長しっかり教育してくれよ
加納くんさっそくだが工事現況の説明をしておこう来てくれ！
あ…はい
工事は今月末に地鎮祭を行って来月から着工するが——

工事写真帳 2　工事着工前現況調査 編

工事着工前現況調査の手順と写真撮影のポイント

1 工事着工前の敷地状況の確認

工事着工前に敷地の状況（工作物を含む）がわかるように撮影をする。工事中も連続的に撮影（定点撮影）する場合には，位置の設定に気をつけること。また，敷地に高低差がある場合には，前面道路，歩道の高さ，幅員等も確認できる写真を撮ること。

2 敷地境界の確認

▶No. 1

3 ベンチマークの確認

▶No. 2

4 公共施設物の確認

▶No. 3

5 近隣家屋調査（第三者調査）

工事着工前に近隣構造物の現況記録として，実測を行うとともに，工事にともなう影響を調べるための基準点を設ける。

No. 1　敷地境界

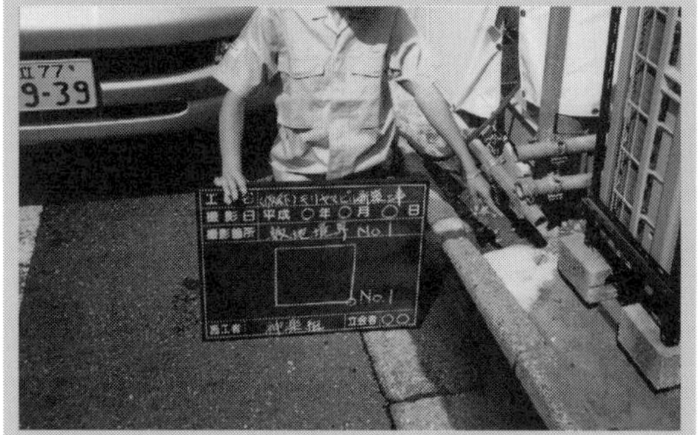

ポイント

工事着工前には，敷地内のどこに建物を建てるかを決める敷地の測量と，地縄張りが行われる。その際，設計図に示された敷地と実際の敷地面積や形が違っている場合があるため，隣家や施主の立会のもとで，敷地境界を確認する。

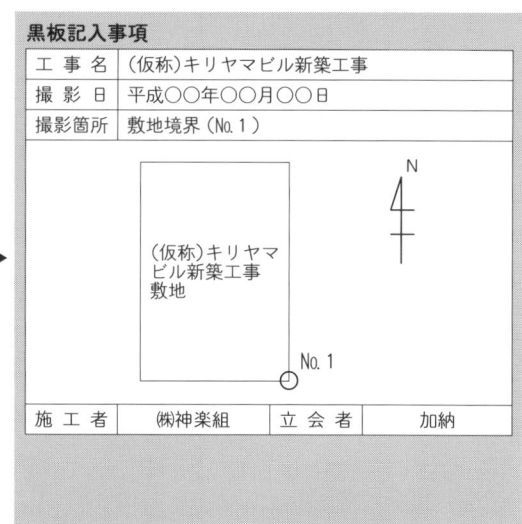

▶

黒板記入事項

工事名	(仮称)キリヤマビル新築工事		
撮影日	平成○○年○○月○○日		
撮影箇所	敷地境界（No. 1）		

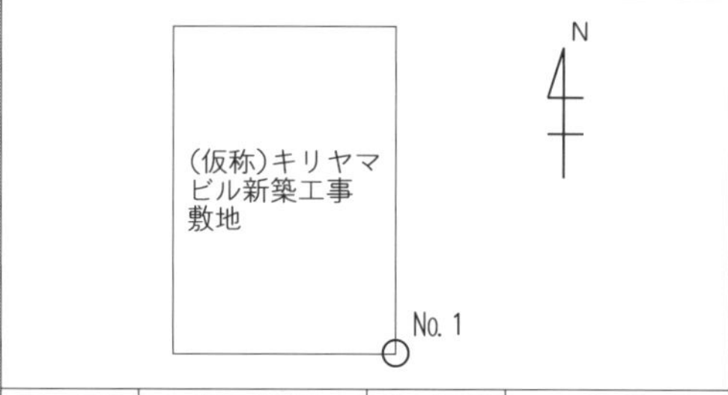

施工者	㈱神楽組	立会者	加納

No. 2　ベンチマーク

ポイント

前面道路や敷地のいろいろな場所の高低をレベルで測定し，道路のどの位置を基準点（ベンチマーク）にするかを設計者と相談して決める。また，敷地内にベンチを移した過程とその移動ベンチも撮影する。

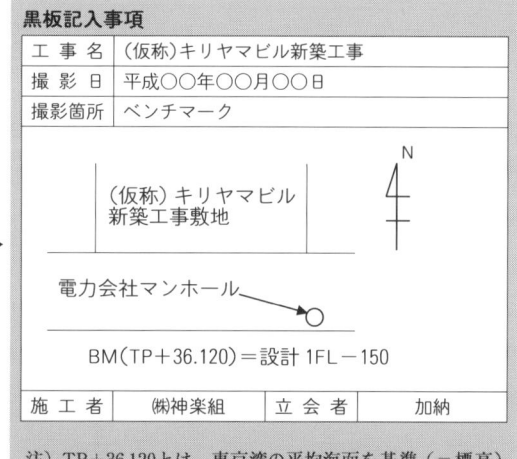

▶

黒板記入事項

工事名	(仮称)キリヤマビル新築工事		
撮影日	平成○○年○○月○○日		
撮影箇所	ベンチマーク		

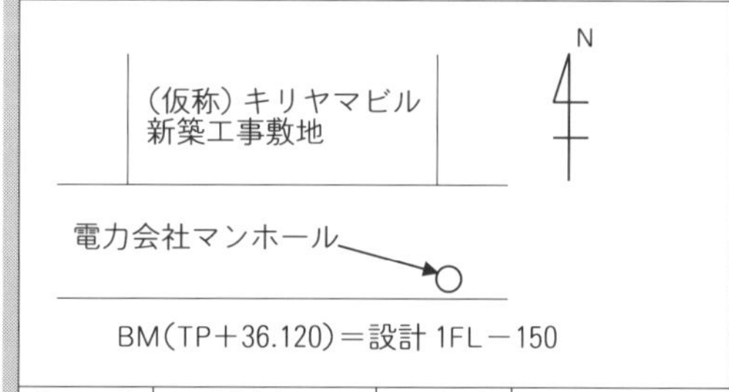

施工者	㈱神楽組	立会者	加納

注）TP＋36.120とは，東京湾の平均海面を基準（＝標高）として，＋36.120mの高さの意味。

No. 3　公共施設物

ポイント

電柱やマンホール，街路樹などの公共施設物については，敷地略図を書き，位置，番号を記入する。

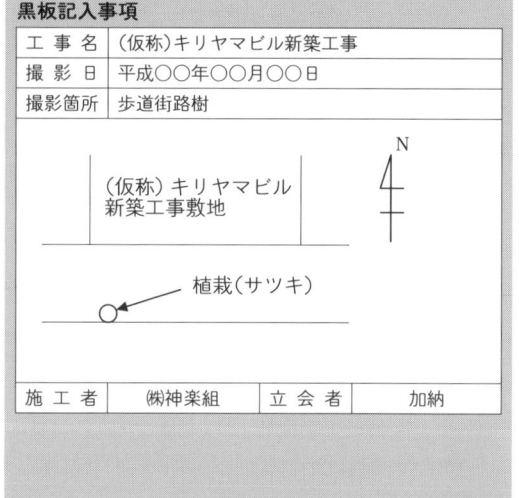

▶

黒板記入事項

工事名	(仮称)キリヤマビル新築工事		
撮影日	平成○○年○○月○○日		
撮影箇所	歩道街路樹		

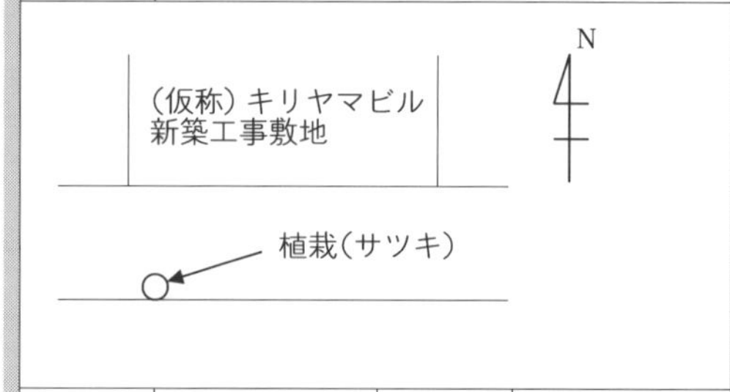

施工者	㈱神楽組	立会者	加納

Coffee キリヤマ
今日は…お忙しいところすみません
いやぁちょうど一休みしようとしてたんですよ
今度配属になりました加納をご紹介しておこうと思いまして
初めまして加納と申します
おいしそーですね♡
桐山です
それじゃぁ自慢のブレンドを…
いやぁサイソクしたみたいでー
してたろーが！
坂井さん周りの人は平日暇だから明日でもいいですか？
はいよろしくお願いします
長岡の爺さんにも声かけときます
そうですね地主の方がいないと話になりませんからね

長岡さんは隣地の地主さんですか?
うん うちの親父とは幼友達でね 話好きでよく ウロウロしてるよ
君も暇そうにしていると昔話を聞かされるぞォ
はァ…
さあ! いよいよ我輩の出番だ!! フィルム充てん 天気良好 今日は近隣の方々と境界の立合いをするようだ
我輩は経験豊富だが加納くんは…大丈夫かな?
長岡さん 桐山さん よろしくお願いします
坂井さん 久しぶり
どうも お久しぶりです
この子があんたンとこの若い衆かい? あたしゃ長岡っていいます まあ頑張っておくれよ
加納といいます
ほォ 写真機持ってるとこ見ると撮影班かい?
ええ
現場のいろいろな記録を撮る大事な仕事で大いに活躍してもらおうってわけですよ
するってぇと焼付け枚数も多かろうな…
なぁ キリマンよ
は?

浜ンとこに持っていったらどうだろう？
そうだねぇ…でも現場の場合契約業者とかあるんじゃないの？
浜さんというとあの角の写真屋さんですか？
ああ あそこは俺やこれんとこの先代とつきあいがあってな…
どうでしょう もし差し支えなければ…
いいですよ 近くて便利そうですし
それでは早速始めましょう まずはこちらの所有者の坂東さんからいきますか
こんちは 坂東さん 立会い頼むよ
長岡の爺さんかい ああいいよ
じゃ 加納くん 境界から測ろうか
はいッ！
やれやれ ようやく仕事が始まった…
おや？
加納くんは境界石を確認しているのを撮ろうとしているが…

何をしているんだね？
え…？何って…
測量屋さんにも来てもらっているんだから距離を測って黒板に立会者の名前と測量した寸法、今日の日付を入れて撮らないとだめじゃないか！
あ…はっ はい
あのー 北側の木造の志井です 遅くなって… 私はどんなことすれば…？
あ お忙しいところすみません 確認作業にご同行願いたいのですが
ただもう築20年ですから…
いや 今日は家屋の調査ではなくて敷地境界の立合いをお願いしたいと思います 家屋の方はまた後日お伺いいたしますので…
ごめんなさい 遅くなっちゃって！
あ ご苦労さまです おい加納くん 飯田橋設計事務所の本木さんだ
加納です よろしくお願いします
本木さんはチェックが厳しいぞ

やだ所長さん
加納さん
そんなこと
ないわよ
では地縄の
確認をしますか…
——ということで
建物位置について
設計図書との
照合を行い
本木さんは帰った
確かにチェックは
厳しそうだ
数日後
歩道の切下げ
工事も完了だな
ええ
今月の予定表に
書かれてある
通りで…
……
…？
いいかい
ここで大切なのは
今月の予定を
何によって立てた
かということだ
つまり
この工事は
すでに施工計画
により
予定されて
いたもので
——

坂井　施工順序・工法を正しく計画し，工期通りに完成させることを使命としている施工者側にとって，いかに事前の施工計画が大切かということなんだ。

加納　そう言えば，新人の頃に作業所長が，『工期は作業所の生命線だ』とよく言ってましたっけ…

坂井　事前によく考えて計画しておかないと，工程・品質・安全・予算に影響を及ぼすことになる。

加納　はい!! ところで，切り下げした部分は設計図と同じ位置にありますが…

坂井　ん，よく気がついたな。道路を切り下げて搬入路をつくるときには，二度手間にならないように，本設の場所に仮設の搬入路をつくってしまうことが肝心なんだ。君に写真を撮ってもらったのは，状況を役所に提出する必要があるからで，そのために着手する前と施工中，そして完了まで現場に張りついてもらったわけだ。

工事写真帳 3　歩道切下げ工事 編

歩道切下げ（「歩道防護」，「歩道乗入れ」，ともいう）とは，工事現場へ工事車両が出入りするために，文字どおり歩道を切り下げる工事をいいます(図２)。歩道切下げに関しては，全国的な規則はないようですが，規則のある都市においては，その規則に適合しなければなりません。基本的には，図１の事項を図面に記入して，防護方法を明確にすることが大切です。

また，これらは，「歩道切下げ防護許可申請書」として所轄の道路管理者，警察署長に申請します。

1．申請地の案内図，住所
2．建物位置，道路境界線
3．歩道幅員，防護延長，面積
4．防護方法，使用

図１ 歩道切下げ申請図記載内容

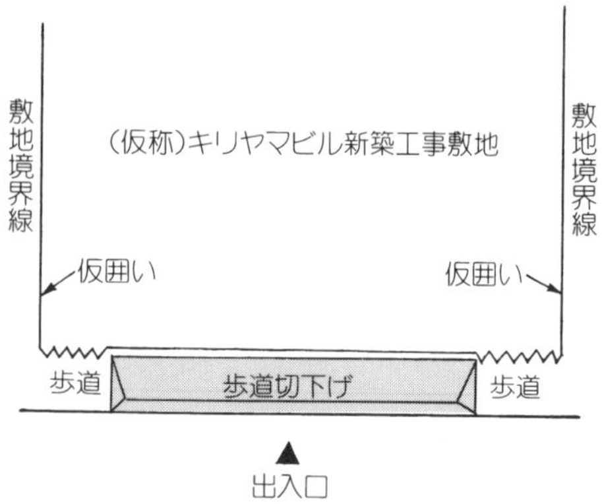

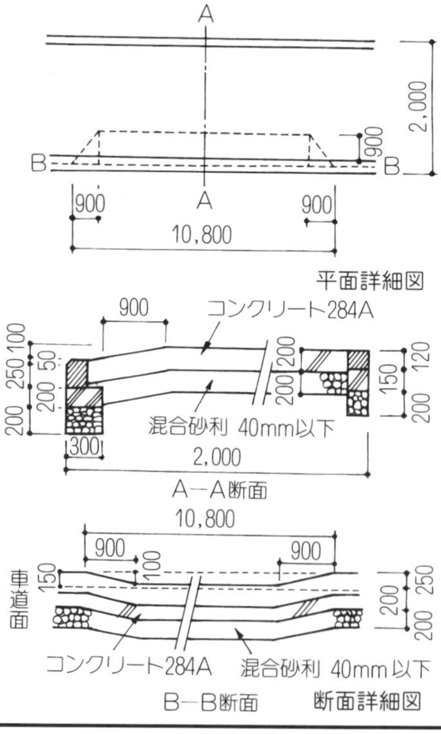

図２ 歩道切下げ申請図（例）

No. 1 路盤・転圧状況

ポイント

黒板には，施工部位を記入し，締固め機器が確認できるように撮影する。

歩道切下げ工事
路盤転圧
1回目転圧

No. 2 出来形確認状況

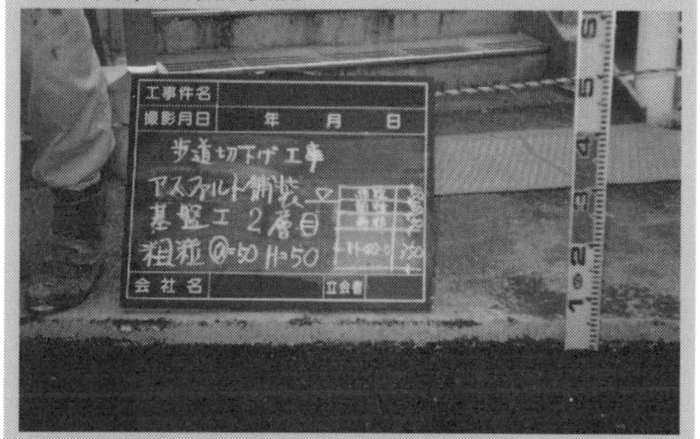

ポイント

黒板には，施工部位，設計値および実測値を記入し撮影する。

歩道切下げ工事
アスファルト舗装
基盤工　2層目
設計値：50mm
実測値：50mm

そっかァ ほかにできる仕事が ないからってわけじゃ なかったんだな
なにをするに しても理由が あるんだな
施工計画…か
手戻りが ないように よく見ておこ…
……
!? なんだこれ?
所長! この写真の 撮り方と いうのは?
そうそう 君に説明しようと 思っていたのを 忘れてたよ…
この際だから よく説明して おこう
はい お願い します!
ガタ

所長の指導のもと
加納くんも写真の
重要性について
認識を新たに
したようだ
しかし
これまでは
まだまだ
前哨戦
これからが
本番だ！
我輩も加納くんと
一心同体となって
竣工を目指すぞ
よろしくな
アイボウ!!

撮影計画に役立つ工事写真272〈その1〉　AA：最も重要／A：重要／B：必要

工種	No.	重要度	撮影対象	黒板のタイトル	撮影時の黒板記入事項	撮影上の留意点	数量・頻度
着工前	1	A	着工前の敷地状況確認	着工前敷地の状況	全景または南面等の位置を記入	敷地の状況がわかるもので，場合によっては2枚に分けてもよい	全体を説明できるもの
	2	AA	近隣状況写真	○○宅前状況，道路の状況	撮影する項目を記入	①1mピッチの間隔で写真を撮影しておく。電話柱，電柱，マンホール等も入れる ②工事中でも変化のある場合には撮影しておく	影響のある道路および公共設備すべて
	3	AA	敷地境界確認	敷地境界の確認	その位置がわかる略図と立会者氏名を記入	監理者等の立会者氏名を記入し，顔を入れたほうがよい	すべての境界杭
	4	AA	ベンチマーク確認	ベンチマークの確認	設計GLとの関係を示す略図と撮影場所および立会者氏名を記入	①監理者等の立会者氏名を入れたほうがよい ②敷地内への移動の過程も撮影しておく	基準点
	5	AA	縄張り・遣方	縄張りの確認，遣方の確認	略図，計測点の位置，撮影方向，立会者の氏名を記入	縄張りを決定した基準からの寸法がわかるもので，遣方は基準ベンチからの移動の過程を撮影する	確認点すべて

3章

土工事・地業工事の写真の撮り方

現場実務に携わっている人ならわかると思うが建物ができあがっていくためには何種類かの工事を組み合わせていく
経験の乏しい加納くんのことも考慮しこれから先は工事別に話したほうがわかりやすそうだね
山留め工事
おはようございます
おはよう今日から山留め打設だな
いよいよ本格的な工事が始まるわけだ大いに頑張ってくれ!
はい!!
重機はきのう搬入されているし材料も搬入済み!忙しくなるぞ!!
バッチリ決めるぞ

えー…と
まずは使用材料と
本数チェックからだな
本日搬入分の
H鋼の本数はっ…と
よしOK!
材料も……OK!!
前の現場は
シートパイル工法だっけ
これで2種類
ゲットだぜ!
まず…は…
そうそう
リボンテープを
当てて…
サイズ・長さと
ケース番号を
黒板に記入…
そうそう!
そして
撮影開始だ!!
リボンテープが
光らないよーに!
カシャ
カシャ
よし!
材料撮影も
決まったな
次は打設が始まっ
たら打設状況の
写真も撮る!
…と
全体と部分…
多角的にだよな

うん
われながら
うまく…!?
ガッ!
あわわっ!
おっと
おいおい
加納さん
気をつけてよ
ああ…どーも
目標に目を
つけてたから
つい足元が
お留守になっ
ちゃったよ
いやだよ
初日から怪我
されちゃ…
敷地狭いんだから
足場決めてから
撮ってよ
翌日昼すぎ――
事務所で
出来上がり写真の
チェックを始めた
が……えっ…?
これじゃ…
はっきり言って
上出来とは
言えませんね
ゲゲッ
どこが
まずいかって?
せっかく
当ててる
リボンテープの
寸法が光って
読みにくいところだ
加納くん!

工事写真帳 4　山留め工事 編

ここで，山留め工事における工事写真の撮影のポイントについて解説してみましょう。

山留め工事は仮設工事ですが，工事を安全に進めるうえで，山留め設計に基づく材料と設定条件の確認を行うこと、また，それを記録として残しておくことは大変重要なことです。

今回のキリヤマビルの山留めは，親杭横矢板工法（切梁１段）ですが，一般的な工法としては，ほかに地下水に対する止水性を求める場合，シートパイルやソイルセメント柱列壁を用いる工法もあります。撮影内容については同じです。

No. 1　山留め材料

ポイント　材料に寸法が判別できるようにリボンテープなどを設置し，長さやサイズと，山留めケースが複数ある場合は，そのケース番号も黒板に記入して撮影する。また，指定仮設の場合には，材料の実測寸法も必要となるので，計測して黒板に記入する。

▼

黒板記入事項

工 事 名	(仮称)キリヤマビル新築工事		
撮 影 日	平成〇〇年〇〇月〇〇日		
撮影箇所	土工事		
親杭横矢板工法（←❶） ケース１（←❷） Ｈ鋼：H-250×250×9×14（←❸） Ｌ＝7.0m（←❹） 実測寸法：Ｌ＝7.03m（←❺）			
施 工 者	㈱神楽組	立 会 者	加納

❶工法名／❷種類が複数の場合にケース番号を記す／❸材料名／❹計画長さ／❺実測寸法長さ

No. 2　山留め施工状況

ポイント　施工法や使用重機が確認でき，全体が把握できるものとする。また，隣地の状況が特殊である場合(隣家が近接している，高低差があるなど)には，その形状・寸法・山留めからの距離などを黒板に書き込み，撮影位置が特定できる写真とする。

▼

黒板記入事項

工 事 名	(仮称)キリヤマビル新築工事		
撮 影 日	平成〇〇年〇〇月〇〇日		
撮影箇所	土工事		
親杭横矢板工法（←❶） ケース１（←❷） 施工状況（←❸）			
施 工 者	㈱神楽組	立 会 者	加納

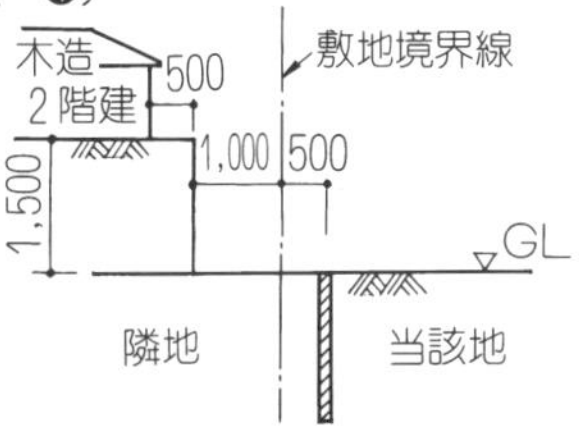

❶工法名／❷種類が複数の場合にケース番号を記す／❸施工場所，周辺が特殊な場合に図示する

加納くん 黒板や リボンテープだけ じゃなくて 被写体全部に 気を配り バランスよく 撮るように…！
は…い
杭工事
おーい加納くん 杭の芯出しの 確認はして あるだろうな？
は？ 食いしん坊 ダッシュ…？
食い逃げ ですかァ…？
あっはっはっ
何をわけの わからないことを 言って…
所長
ったく… 力抜けるよな…
杭の芯出しの確認 してあるんだろうね？
すみません 芯出しは測量屋さんに 任せていたんで 確認はしてませんが 後で聞いておきます
……加納くん
いいかい 墨を測量屋さんに 任せる それ自体はいいんだ
だが それじゃ われわれの仕事は 何か？ ということになるぞ

はい…
われわれは専門工事業者が行った作業を確認して管理する
それが仕事なんだ
はい
さっそく確認してきます!!
ドン
あらあら あの子 大事なもの 忘れちゃって…
あ…
忘れもん!
ドドドド
ふぅ…
芯出しの確認ったって…けっこう大変だよな
…ん!? あれ? これ違うぞ!
ひとつ見つけるとまだあるんじゃないかって不安になるなァ
ブツブツ
とかなんとかブツブツ独り言を言いながら確認した結果さっきの一箇所100mm違って位置を出してあった所だけのようだ
さあ どう処置するかって言うと芯を出し直して黒板に杭番号と通り芯からの寸法を記入して写真を撮る

そうそう
コン
コン
ふぅ…
よかった
確認と管理って
大事なことだな…
杭工事開始日――
現場では
試験杭の
立会いが
始まった
おはよう
ございます
試験杭の
立会いよろしく
お願いします！
おはよう
ございます
カメラマンは
板についたかしら？
では さっそく
かかりましょうか
はい！
杭芯セットが
完了していま
すので
ご確認のうえ
写真を撮らせて
いただきます

…すみません 所長！ 黒板を お願いできますか？
ん… 内容は いいかな？
おや…？
あの…
何か…？
加納くん これを よく見たまえ
本木さんの お名前が 間違ってるぞ！
者 木本
え…!?
あっ 本当だ！「本木」を「木本」に しちゃった…!!
すっ…すみ ません！
あぁ いいのよ よくあるのよ
窓口とかでも「林さーん」なんて 呼ばれたり…
失礼しました
加納くん 本木さんはこう 言ってくださったが 名前をまちがえると いうことは失礼なこと なんだぞ
名前に限らず 黒板の記載内容に ついては事前チェックと 書き終えたら 関係者に内容について 確認をとること!!
はい ……
ふうん 我輩も気づか なかったよ さすが所長だ
さて その後は 杭工事一連の 写真を撮り 始めたよ

工事写真帳 5　杭工事 編〈その1〉

キリヤマビルでは，場所打ちコンクリート杭でアースドリル工法を採用しています。以下に写真撮影（施工手順）の流れとともに，黒板の必要記載事項を示します。杭種類（杭径）が複数ある場合，それぞれの種類の数本は手順を一通り撮影し，それ以降の同種の杭については，監理者の承諾を得たうえで主項目に絞って撮影することもあります。

その際，杭番号，杭符号，杭径および通り芯の記載は共通となります。

また，当現場は敷地に余裕がないため，組み上がった鉄筋籠を当日使用する分ずつ鉄筋加工工場から搬入し，写真No.11～14の４項目について撮影します。敷地に余裕がある場合は，現場で鉄筋籠を組み立ててストックをすることがあります。その場合，配筋している状況が確認できる写真を撮ります。

No. 1　杭芯セット

ポイント　黒板には，杭番号，杭符号，杭径，通り名を記入し，杭芯が確認できるように撮影する。

杭工事
杭芯セット状況
杭No.1　（P1）ϕ1,800
X1通り，Y1通り

No. 2　ケーシング建込み状況

ポイント　黒板には，ケーシングの径，長さを必ず記入する。

杭工事
ケーシング建込み状況
ϕ2,000×3.0m

No. 3　安定液注入状況

ポイント　安定液の注入状況が確認できるように撮影する。

杭工事
安定液注入状況

No. 4　安定液試験状況

ポイント　性状表示は，ベントナイト主体と，CMC主体の２種類がある。配合は土質により標準的なものが示される。

杭工事
安定液試験状況
粘性：22.7秒
比重：1.02
pH　：10.3

No. 5　バケット径の確認

ポイント

リボンテープなどを使用して計測状況を撮影する。

杭工事
バケット径の確認
φ1,800

No. 6　掘削状況

ポイント

掘削状況が確認できるように撮影する。

杭工事
掘削（開始）状況

No. 7　掘削深さの確認

ポイント

ケーシング高さ，GLおよび掘削深さの関係，検尺状況が確認できるように撮影する。

杭工事
掘削深さケーシング天端
－30.0m
ケーシング天端 GL＋1.5m
∴掘削深さ　　GL－28.5m

No. 8　支持層の確認

ポイント

支持層の採取土および深さがわかるように撮影する。

杭工事
支持層の確認
土質サンプル採取
ボーリングデータ確認状況

No. 9　底ざらい状況

ポイント

底ざらい状況が確認できるように撮影する。

杭工事
底ざらい状況
スライム処理
（底ざらいバケット）

No.10　孔壁測定状況

ポイント

孔壁測定状況がわかるように撮影する。

杭工事
孔壁測定状況

No.11 鉄筋籠(籠断面)

ポイント 主筋の径や本数，籠部位(上・中・下など)がわかるようにして撮影する。

杭工事
部位（上部）
主筋 20-D29
フープ D13@150
L＝5.1m

No.12 鉄筋籠(側面)

ポイント 長さやフープ径，ピッチ，籠部位（上・中・下など），スペーサーピッチがわかるようにして撮影する。

杭工事
部位（上部）
主筋 10-D29
フープ D13@300
L＝4.1m

No.13 鉄筋籠(フープ筋溶接)

ポイント フープ径や溶接長さ(例えば，フープ径がD13なら10d＝130以上）がわかるようにして撮影する。

杭工事
フープ D13
溶接長さ 10d＝130以上

No.14 鉄筋籠(スペーサー)

ポイント スペーサーのピッチや高さがわかるようにして撮影する。

杭工事
スペーサー @3,000
h＝100

No.15 鉄筋籠の建込み中の継手状況

ポイント 継手の重ね長さや接合部位(上・中・下など)がわかるようにして撮影する。

杭工事
鉄筋籠継手状況
上部26本＋下部16本
D29
45d＝1,305

No.16 トレミー管セット状況

ポイント トレミー管の管径と長さ(径(ϕ)×長さ(m))がわかるようにして撮影する。

杭工事
トレミー管セット状況
ϕ250×28m

No.17 コンクリートの受入れ検査

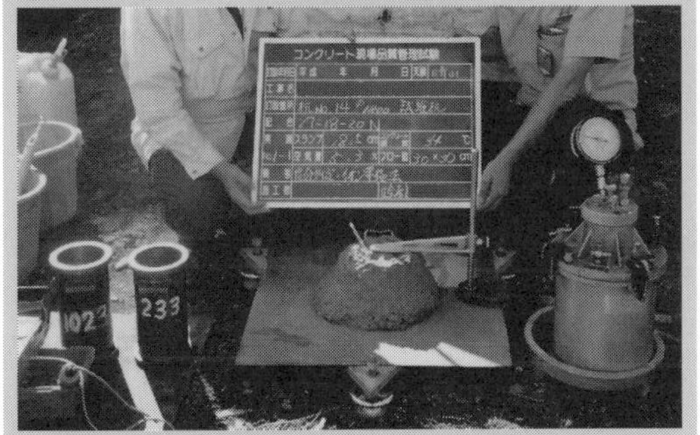

ポイント 黒板には，スランプ，空気量，コンクリート温度，外気温度，塩化物量，骨材最大径を記入し，項目および試験器具がわかるように撮影する（83ページ参照）。

No.18 プランジャー投入状況

ポイント コンクリート分離防止のためのプランジャー投入状況が確認できるように撮影する。

杭工事
プランジャー投入状況

No.19 コンクリート打設

ポイント 打設状況がわかるように撮影する。

杭工事
コンクリート打設状況

No.20 コンクリート天端の確認

ポイント GL からのケーシング高さ，コンクリート天端高さ，設計高さを黒板に記入し撮影する。

杭工事
コンクリート天端確認
ケーシング天端−7.0m
ケーシング天端GL＋1.5m
∴コンクリート天端GL
−5.5m

No.21 杭頭余盛り

ポイント 黒板には，余盛り高さの設計値と実測値を記入し，計測値が見えるように撮影する。

杭工事
杭頭余盛り
設計値：H＝700
実測値：H＝800

No.22 杭頭処理

ポイント 黒板には，杭のレベル，杭径を記入し，杭頭鉄筋の乱れやコンクリート天端の欠落がないことを確認し撮影する。

杭工事
杭頭処理完了
杭 No.3
杭頭レベル：FL-6,200
杭径：1,800

注）写真No.2～No.22まで，杭番号，杭符号，杭径，通り名（杭No.1，（P1），φ1,800，X1通り・Y1通り）は，写真No.1と同様に共通事項として黒板に記入する。

うんうん今度は順調だ！
掘削中の持ち時間事務所に戻ったが母性本能をくすぐられたのか本木さん加納くんをつかまえてその他の杭工法についてまで説明してくれたぞ

工事写真帳 6　杭工事 編〈その2〉

さて，44ページでは今回の作業所で施工される場所打ちコンクリート杭工法（アースドリル工法）について，写真撮影のポイントを中心に解説してきましたが，この工法以外にはどのような種類の工法があるのかをまとめてみました。

また，場所打ちコンクリート杭工法以外では，既製コンクリート杭工法がよく使われますが，ここでは場所打ちコンクリート杭工法とは異なる工程を中心に，写真撮影のポイントについて解説します。

杭工法のおもな種類と施工法

1 場所打ちコンクリート杭工法

①アースドリル
②リバース工法
③ベノト（オールケーシング）工法

2 既製コンクリート杭工法

①打撃工法
②プレボーリング工法
③中堀り工法
④回転圧入工法

No.1 既製コンクリート杭の材料

ポイント

黒板には，工法の種別，杭種，杭径，長さを記入。ただし，杭が長くジョイントする場合，位置(上・中・下)も記入。

杭工事
プレボーリング根固め工法
PRC杭　I 種
ϕ ＝800
L ＝11.0m

No.2 同・建込み状況

ポイント

杭の建込み状況がわかるように撮影する。

杭工事
杭建込み状況
杭No.2　(P2)　ϕ 800
X2通り，Y2通り

No.3 同・根固め液サンプル採取

ポイント

根固め液サンプルの採取状況がわかるように撮影する。

杭工事
根固め液サンプル採取

No.4 同・杭頭補強筋

ポイント

黒板には，補強筋の本数，鉄筋径，定着長さを記入し撮影する。

杭工事
杭頭補強筋
6 - D22
定着長さ 40 d ＝880

注）写真No. 3，No. 4 についても写真No. 2 同様に，杭番号，杭符号，杭径，通り名（杭No. 2，(P2)，ϕ 800，X2 通り・Y2 通り）を黒板に記入する。

お疲れさまでした
それじゃーあとよろしく!
やれやれ緊張しちゃったよ
さて 立会い検査も終わったし あとは支持層の採取土を入れたサンプルビンを事務所に運ばなくちゃ
加納くん ごくろうだったな 大丈夫かい?
ポン
はい! あとサンプルビンを運ぶだけです
ここは杭が少ないからいいけど杭本数が多い現場は写真撮影も大変なんだろうな…
よかった ここの現場で
掘削工事
働く機械… さあなんだ?
そうバックホーだね 杭工事が終わり掘削工事が始まっているのだ
加納くんは矢板の厚さの確認を行ったあと黒板にケース番号を記入し、矢板入れ状況や一次掘削状況を撮影しているところだ わかったかな?

どうだい？
あ…現場の巡視ですか？
はい順調です！
ここではな写真だけでなく矢板の裏込めをしっかり詰めるよう作業員に指導しておくように
はい…でも『どうしてかって』質問あったらなんと…？
ニヤリ
君はどう思う？
ドキリ！
え…ええと雨とかで土が流れやすくて……
自信ないなァ…裏込めが不十分だとあとあと矢板裏が崩れて周辺の地盤が下がる危険性があるからだよ
！
質問をしたかったのは加納くんじゃないのか？
さて 一次掘削が所定の深さに達したあとは構台と切梁架設状況を部材のサイズなどを記載した黒板で撮影するんだ
このあたりは順調に進んだ

工事写真帳 7　地中障害物の撤去工事 編

今回の現場では，幸いにも掘削工事中に地中障害物の影響を受けることなく順調に作業が進んでいますが，掘削工事，山留め工事，杭工事において，事前調査では不明であった地中障害物が出ることがあります。このような場合には，後に設計変更などを行った場合や，撤去・解体に要する工期・費用を別途請求する場合の資料となるので，リボンテープなどを用いて位置や深さ，障害物の形状(数量)が確認できるよう写真を残しておく必要があります。

また，事前にわかっていても既存構造物をロックオーガーなどの重機を使って解体しないと施工できないことがあるので，このような場合にはその状況を撮影します。

地中障害物
旧建物の地下階，基礎，杭，既存地下構造物，捨石，井戸，廃棄物，地下ケーブル，上下水道管，ガス管　等

図 1　おもな地中および地上障害物

No. 1　地中障害物の撤去(1)

ポイント　地中障害物が出た場合には，敷地のどの位置にあるのか，またその大きさ，例えば1,200(幅)×1,200(奥行)×1,000(高さ)などと黒板に記入して撮影する。

黒板記入事項

工事名	(仮称)キリヤマビル新築工事
撮影日	平成○○年○○月○○日
撮影箇所	土工事

地中障害物撤去状況
1,200×1,200×1,000（←❶）
地中障害物の位置（←❷）

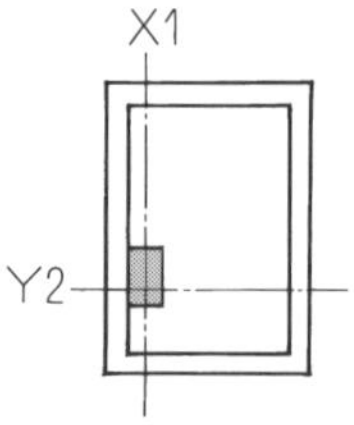

施工者	㈱神楽組	立会者	加納

❶形状(幅×奥行×高さ)を記す／❷敷地のどの位置にあるのかを図示する

No. 2　地中障害物の撤去(2)

ポイント　解体状況によっては，黒板に既存建物の断面図および削孔長さを図示する。

黒板記入事項

工事名	(仮称)キリヤマビル新築工事
撮影日	平成○○年○○月○○日
撮影箇所	解体工事

既存地下構造物解体状況
ロックオーガー削孔　φ850 @450（←❶）
L＝15.0m（←❷）

施工者	㈱神楽組	立会者	加納

❶削孔径，ピッチを記す／❷削孔長さを記す

数日後
床付け終了！
加納くん ここでする ことは何だい？
計測位置 および掘削深さと 基準値との関係 などを黒板に記入し 床付け写真を 撮ります！
うん よくわかったな
いやあ と～ぜんっス！
一人で何 やってんですか？

工事写真帳 8　床付け，砂利地業，捨てコンクリート地業 編

今回の現場は杭基礎です。したがって，床付けは乱してはいけませんが，構造物が杭で支持されるため，掘削の途中段階である1次，2次掘削などと同様，所定の深さであれば，写真撮影上，特に問題はないでしょう。しかし，注意しなければならないのは直接基礎の場合です。直接基礎では，床付け部において土質確認と地耐力試験（平板載荷試験）を行わなければなりません。また，その後は設計どおりに砂利地業と捨てコンクリートの打設を行い躯体工事に備えます。

No. 1　床付け状況

ポイント　黒板には，掘削深さを記入し，掘削の基準とともに撮影する。直接基礎の場合，予定深度において支持地盤の確認ができないときには，深さを変更した床付けの写真を撮る。また，立会者の氏名を必ず記入する。

黒板記入事項

工事名	(仮称)キリヤマビル新築工事		
撮影日	平成○○年○○月○○日		
撮影箇所	土工事		
支持地盤の確認 設計 GL－6,000（←❶） 施工状況（←❷）			
施工者	㈱神楽組	立会者	加納

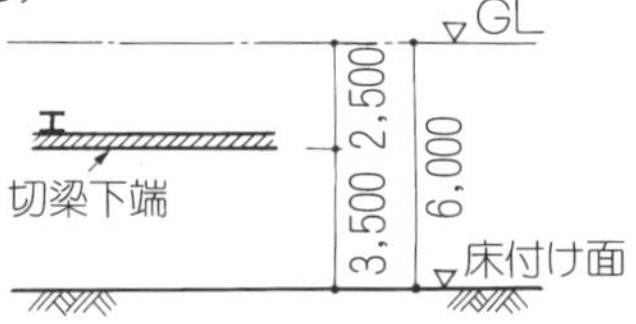

❶支持地盤の深さを記す／❷GL，床付け面，計測の基準点の関係を図示する

No. 2　砂利地業

ポイント　転圧状況と使用機械がわかるように撮影する。

土工事
転圧状況
砕石敷 40-0
㋐60

No. 3　捨てコンクリート地業

ポイント　黒板には，コンクリートの規格（強度，スランプ，粗骨材最大寸法）と厚さを記入し，計測値がわかるように撮影。

土工事
捨てコンクリート打設
16-18-25
㋐50

だいぶ手際よくなったね
加納くんの板書は
学生の時
居酒屋でのバイトの
メニュー書きで
うまくなったそうだ
人生なにが役に立つか
わからないね
工事名 (仮称)キリヤマビル新築工事
撮影日 平成○○年○○月○○日
撮影箇所 土工事
支持地盤の確認
設計GL-6,000
施工状況
立会者
神楽組
ぶえっくしょん
う-風邪じゃ
ないだろうな
グス…
……
前の現場を
思い出しちゃったよ
排水処理が大変で
ずぶ濡れになって
風邪ひいちゃってさ
俺みたいな
シティーボーイには
土工事は性に合わないね
クス！
前の現場は山留めに
シートパイル工法を
用いてたんだ
クス
かみ合せ不備で
地下水の排水処理に
手間どったわけ

工事写真帳 9　排水処理 編

今回の現場では，地下水の湧出によって工事の進行に支障をきたす心配はありませんでしたが，雨水などの浸透水は，掘削底に釜場を設けて一箇所に集め，ポンプアップして排出しました。指定仮設の場合，釜場排出の状況を撮影する際には，ポンプ機種や沈砂槽（地下水はこの槽を通し，砂などを沈殿させたあと水のみを排水する）などの仮設機材について確認できるように撮影しましょう。

また，地下水位より深い掘削の場合には，止水壁（SMWやシートパイルなど）を用い，遮水工法とするか，あるいは釜場排水やディープウェルを設置し，地下水を排出します。

No. 1　釜場排水状況

ポイント　黒板にポンプの種類を記入し，排水状況がわかるように撮影する。

排水工事
釜場排水状況
水中ポンプ
口径：2インチ
出力：0.75KW
電圧：200V

どうだ
すっかり任せきりだが
わからないことは
ないか？
今のところ
支障は
ありません
杭頭余盛り状況と
処理状況の写真
撮ってて感じたんですけど
……
廃棄コンクリート量とか
その処理も相当なもの
ですよね
でも杭頭余盛りって
けっこう高いもの
なんですね
うむ
君の言う
通りだよ

斫(はつ)り屋さんの処理費用だって安いもんじゃないしね
杭頭部で安定液と混ざってない健全なコンクリートを確保するために余盛りは必要なんだが杭コンクリート打設時の管理がいかに大事か――ということが言えるんだよ
う〜ん
さて戻ります
うーん… なんか改めて実感しました
翌日―― 砕石が搬入され転圧作業が行われた 加納くんは例によって写真撮影！
砂利地業として締固め機を入れ地業の規格を表示し締固め状況と厚さの計測の写真を撮る
その後はどうするかわかるかい？ …そう 捨てコンクリートだ 捨てコンの打設状況と厚さ計測状況の写真を撮って今日の作業は終了
ホラ加納くん 現像に出さなきゃ！
さらに翌日
…つまり 捨てコンは 墨を出すために 行うためと スペーサーの 支持基礎として の役割を担って いる…か

そうなんだ
よなァ
あら
熱心に勉強かと
思ったらマンガ
読んでたの?
お茶いれて
損ちゃった
相田さん
これマンガ
ですけど勉強に
なるんですよ
マンガで学
建物の配管
そーなのォ?
今どき
フツーですよ
ふん
ふん…
さあて
黒板の
お絵描きを
写真に撮って
くるかな
いよいよ
躯体工事前の
最後の作業に入った
墨出しを行い
杭芯の測定をし
写真を撮る…
うーん感無量!
フフ…
ようやく
土くさい
仕事とも
おさらばだ
明日からは
いよいよ
躯体業者が
乗り込んでくる
俺は
正面から
受けて立とう
じゃないか!!
ザッ
マンガの
ジャンル
違うぞ…

豆知識

◆埋戻し工事，防湿工事，断熱工事の写真の撮り方◆

躯体工事以降，埋戻し工事や土と接する土間スラブ下に防湿工事，断熱工事が必要な場合があります。ここでは，埋戻し工事や防湿工事，断熱工事の写真の撮影上のポイントおよび注意点について解説します。

No. 1　埋戻し工事状況(1)

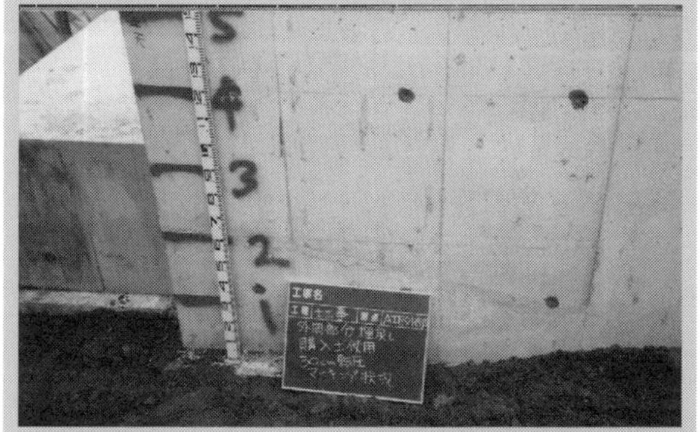

ポイント　黒板には埋戻しの場所や使用土を記入し，30 cm ごとのマーキングの計測値がわかるように撮影する。

埋戻しマーキング状況
外周部分
購入土
30cm 転圧

No. 2　埋戻し工事状況(2)

ポイント　全体の埋戻し高さや転圧方法，使用機器がわかるものとし，マーキングごとに締固めている状況を撮影する。

埋戻し転圧状況
外周部分
購入土
30cm 転圧　1 回目

No. 3　土間スラブ下防湿工事状況

ポイント　使用材料写真は，材料を確認のうえ，規格，材質，厚さを記入して撮影する。*)

土間スラブ下防湿工事
ポリエチレンフィルム
㋐0. 15㎜

No. 4　土間スラブ下断熱工事状況

ポイント　黒板には施工場所，断熱材の種類および厚さを記入して撮影する。

土間スラブ下断熱工事
1 階スラブ下
ポリエチレンフォーム
B類，3 種
㋐35㎜

*）防湿シートの施工状況写真は，ジョイント長さや基礎際ののみ込み深さを黒板に記入し，状況が確認できるように撮影する。

撮影計画に役立つ工事写真272 〈その2〉　ＡＡ：最も重要／Ａ：重要／Ｂ：必要

工種	No.	重要度	撮影対象	黒板のタイトル	撮影時の黒板記入事項	撮影上の留意点	数量・頻度
アースドリル杭	6	A	掘削	杭芯のセット状況	杭番号，杭径，杭長，位置を記入	①全数は不要 ②作業の方法が確認できるものがあればよい	杭径・杭長ごとに撮影
	7	A	掘削	掘削径の測定	杭径，杭長，位置を記入	リボンテープが見えるように，掘削径を測定した写真	杭径・杭長ごとに撮影
	8	A	掘削	スライム処理状況	杭番号，杭長および1次または2次スライム処理状況を記入		杭径・杭長ごとに撮影
	9	AA	掘削	支持層深さ確認	杭番号，GLからの掘削深さを記入	①スライムを処理した後撮影する ②監理者立会いの写真も必要	すべての杭
	10	A	鉄筋組立て	断面の配筋組立て状況	杭番号，杭径，主筋の径と本数，フープ径，ピッチ，籠の位置を記入	①黒板や鉄筋のピッチの計測が読み取れるよう撮影 ②全数は不要 ③泥の付着に注意	杭径・杭長ごとに撮影
	11	A	鉄筋組立て	長手方向の配筋組立て状況	杭番号，杭径，主筋の径と本数，フープ径，ピッチ，籠の位置を記入	①黒板や鉄筋のピッチの計測が読み取れるよう撮影 ②全数は不要 ③泥の付着に注意	杭径・杭長ごとに撮影
	12	A	鉄筋組立て	継手	杭番号，主筋径および継手長さを記入	黒板や鉄筋の継手の計測が読み取れるよう撮影	杭径・杭長ごとに撮影
	13	A	コンクリート打設	トレミー管セット状況	トレミー管の径，長さを記入	全長のほか，トレミー管を使って適切に打設していることを撮影するため，管を取り外している写真も必要	杭径・杭長ごとに撮影
	14	AA	コンクリート打設	コンクリート試験	杭番号，スランプ，空気量，フロー値，コンクリート温度，外気温，指定スランプ，骨材の最大寸法を記入	記載事項が多く，黒板の文字が読めないことが多いので，近くから撮る	すべての杭
	15	B	コンクリート打設	打設状況	杭番号を記入	機械や設備状況のわかるもの	実施日ごと
土工事	16	A	根切り	根切り底の検尺状況	通り芯による計測位置と設計GLとの関係を記入	GLとの関係を間違えないようにする	根切り高さごと
	17	B	障害物確認	地中の障害物の撤去	通り芯による計測位置と，設計GLとの関係および大きさを記入	①設計変更用に必要 ②量と材質が確認できるもの	すべて
	18	B	山留め用親杭	山留め材料	形状を略図化して記入	スケールを当てて寸法，形状を記入	長さごと
	19	B	切梁	施工状況	切梁の材料を記入	全体状況のわかる写真	段数ごと
	20	A	切梁	土圧測定	切梁段数，位置，メーターの測定値を記入	メーターの値が見えないことがあるので，別に1枚撮る	段数ごと
杭工事	21	A	杭頭処理	余盛り状況	杭番号，杭径，余盛り高さ，設計値との比較を記入	測定値が見えるように撮る	すべての杭
	22	B	杭頭処理	杭頭処理状況	杭番号，杭径，鉄筋の定着長さを記入	測定値が見えるように撮る	すべての杭
砂利地業	23	B	締固め	締固め状況	締固めの機械の機種および締固め回数	敷並べ，転圧の状況は分けたほうがよい	数枚
	24	B	締固め	計測状況	設計値と実測値を記入	厚みが確認できるように撮る	数枚

4章

躯体工事の写真の撮り方

ここで一言
ことわっておくが
これからは話の
順番通りに
工事が進んで
いるわけじゃ
ないよ
実際は工程表を
見てもらえば
わかるように
いろいろ入り組んで
いる
便宜上まとめて
いるだけなんだ
と、言うわけで
今回は鉄骨工事に
スポットを当てて
みた
鉄骨工事
まずは鉄骨
加工工場での
製品検査
から——
もうすぐ
本木さんみえま
すよね
製品検査
初めてだ
なんて言ったら…
どうなるん
でしょう？
ん〜わからん
しかし加納くん
下調べぐらいは…
なに
しとらん!?
ごめんなさい！
待たせてしまって
ぐるる
え…？
加納さん
製品検査
初めて…？
よかった！
私教えるの
大好きなの!!

工事写真帳 10　鉄骨工事 編〈製品検査〉

鉄骨加工工場での製品検査で重要なことは，加工組立作業の最終確認を行うこと，および鉄骨が設計図書で要求された品質を満たしたものになっているかの確認を行うことです。したがって，鉄骨工場での検査内容の撮影に際しては，下記の検査項目についてしっかりと確認できるよう撮影しなければなりません。

製品検査の重要項目

仕口部の検査（溶接前）

①突合せ部の開先角度の確認 ▶No. 1，No. 2
②ルート間隔，ルート面・開先内の清掃の確認 ▶No. 3
③エンドタブ取付けの確認 ▶No. 4

仕口部の検査（溶接後）

①溶接の外観（余盛り）の確認 ▶No. 5
②製品寸法の許容誤差の確認 ▶No. 6

第三者機関による超音波探傷検査

鉄骨の発注者（今回は施工者である神楽組となる）が，受入れ検査として実施する非破壊検査は，鉄骨製作工場と利害関係のない第三者の立場の検査会社が実施する。▶No. 7

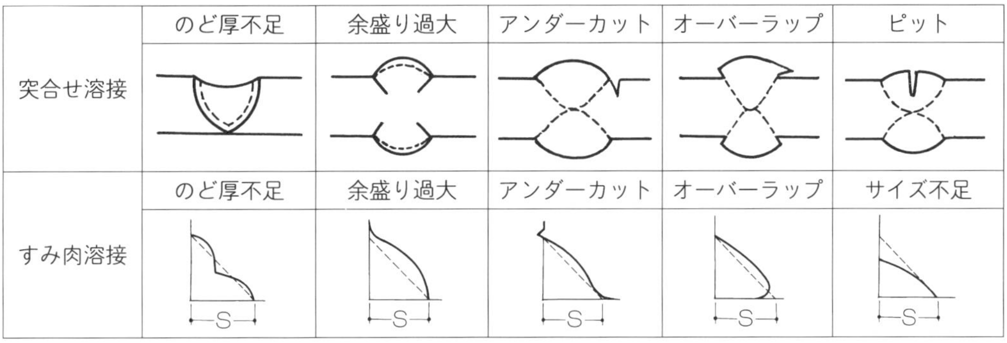

突合せ溶接
のど厚不足
余盛り過大
アンダーカット
オーバーラップ
ピット
すみ肉溶接
のど厚不足
余盛り過大
アンダーカット
オーバーラップ
サイズ不足
S

図１　溶接部の表面欠陥（引用＊1）

No. 1　開先角度

ポイント　工作図どおりの角度になっているかどうかを確認するとともに，開先面の粗さも確認し撮影する。

黒板記入事項

工事名	(仮称)キリヤマビル新築工事
撮影日	平成○○年○○月○○日
撮影箇所	開先角度

開先角度 35°

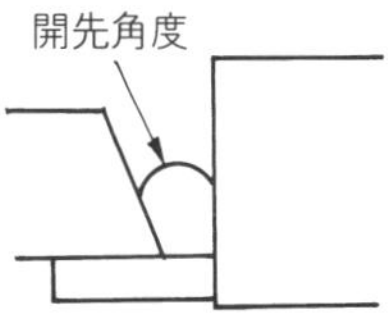

施工者	㈱神楽組	立会者	加納

No. 2　開先角度（詳細）

ポイント
開先角度の状態がよくわかるように拡大し，撮影する。

鉄骨工事
製品検査
開先角度（詳細）

No. 3　ルート間隔

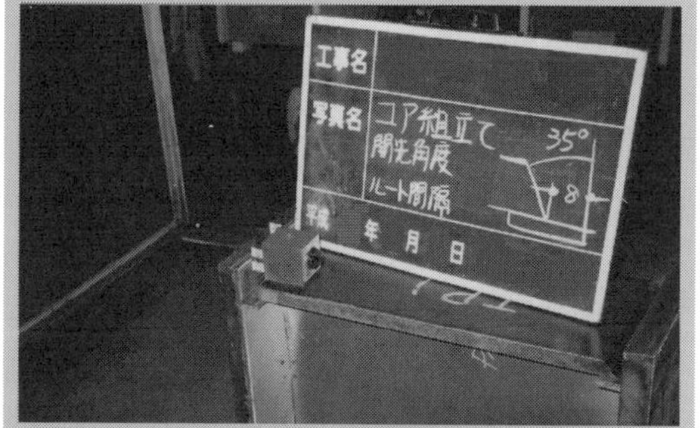

ポイント
ルート間隔（ギャップ）が確認できるように，定規（限界ゲージ）を当てて撮影する。

鉄骨工事
製品検査
ルート間隔

No. 4　エンドタブの取付け状況

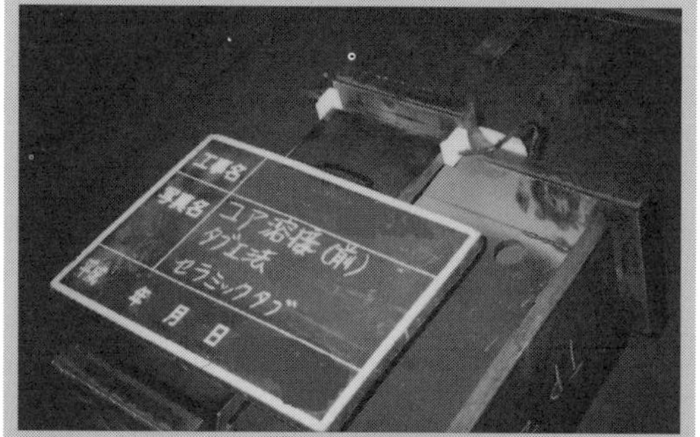

ポイント
黒板には，使用しているエンドタブの種類を記入し，取付け状況がわかるように撮影する。

鉄骨工事
製品検査
セラミックタブ取付け

No. 5　余盛り高さ

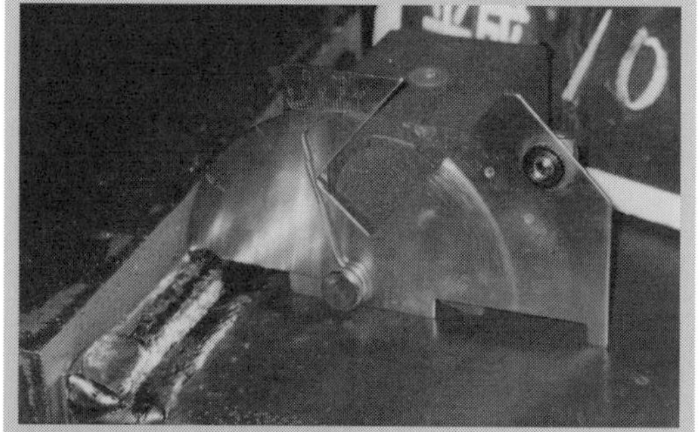

ポイント
所定の余盛り高さや溶接部表面，部材表面に欠陥箇所がないか確認し撮影する。

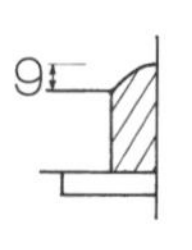

余盛り高さ

No. 6　製品寸法

ポイント
以下の項目が確認できるように撮影する。
①柱の全長，階高，仕口長さ，仕口せい，曲がり，ねじれ等の設計値および実測値を黒板に記入
②梁の全長，仕口長さ，仕口せい，曲がり，ねじれ等の設計値および実測値を黒板に記入

No. 7　超音波探傷検査

ポイント
黒板には，探傷方法，検査部位，立会者，検査技術者（所属試験機関名）を記入し撮影する。

教え好きの本木さんのおかげで加納くんは製品検査でのポイントを習得し写真撮影を無事に済ませた鉄骨加工工場での一日は終わり現場はアンカーフレームの設置へと進んだ
大丈夫だろうね？
バッチリっす！特別個人授業受けたし
アンカーフレーム設置後の状況写真入念にな！
その後は——
一応確認しておくが鉄骨が搬入され建方が始まったらその状況写真
建方終了後の高力ボルト締付け状況写真だ
はい！

加納くんの仕事ぶりを
参考にどうぞ！

工事写真帳 11 鉄骨工事 編〈現場施工〉

いよいよ現場は鉄骨建方へと進みました。ここでは，建方における工事写真の撮影のポイントについて，順を追って解説します。

鉄骨工事における重要撮影項目

1 建方状況

①アンカーボルトの設置状況 ▶No. 1
②鉄骨材搬入 ▶No. 2
③鉄骨材吊上げ状況 ▶No. 3
④柱建方状況 ▶No. 4
⑤梁取付け状況 ▶No. 5
⑥仮ボルト入れ ▶No. 6

> 仮ボルトは，建方直後からつねに骨組の安定を保つ必要があることから，この期間に予想される外力に対して必要なボルトを，部材の取付け時に締め付けることとしている。仮ボルトは，高力ボルト継手ではボルト１群に対して1/3程度，かつ２本以上をウェブとフランジにバランスよく配置する。

⑦デッキスラブ敷き状況 ▶No. 7

2 高力ボルト

①トルク係数値試験 ▶No. 8
②１次締め ▶No. 9
③１次締めマーキング ▶No. 10
④本締め ▶No. 11
⑤本締め後のマーキング確認 ▶No. 12

3 現場溶接

①目違い計測 ▶No. 13
②溶接状況 ▶No. 14

No. 1 アンカーボルトの設置状況

ポイント　黒板には，アンカーボルトの設置位置，アンカーボルトの径，長さを記入し撮影する。

鉄骨工事
アンカーボルト取付け状況
アンカーボルト径
アンカーボルト長さ

No. 2 鉄骨材搬入

ポイント　黒板には搬入した鉄骨材の部位（記号，節，フロアー等）を記入し撮影する。

鉄骨工事
鉄骨材搬入状況
部位：３節柱

No. 3　鉄骨材吊上げ状況

ポイント

吊上げの全体状況がわかるように撮影する。

鉄骨工事
鉄骨材吊上げ状況
部位：３節柱

No. 4　柱建方状況

ポイント

黒板には建方部位（柱記号，節等）を記入し，全体状況がわかるように撮影する。

鉄骨工事
柱材建方状況
部位：３節柱

No. 5　梁取付け状況

ポイント

取付け部位（梁符号，フロアー，通り等）を記入し，全体状況がわかるように撮影する。作業員は安全帯使用。

鉄骨工事
梁取付け状況
部位（梁符号，フロアー，通り）

No. 6　仮ボルト入れ

ポイント

黒板には施工部位を記入し，仮ボルトの挿入状況がわかるように撮影する。作業員は安全帯使用。

鉄骨工事
仮ボルト入れ
施工部位

No. 7　デッキスラブ敷き状況

ポイント

デッキスラブ敷きの位置を黒板に記入し，デッキと梁との溶接状況がわかるように撮影する。

鉄骨工事
デッキスラブ敷き状況
部位：６階 DS４

No. 8　高力ボルトトルク係数値試験

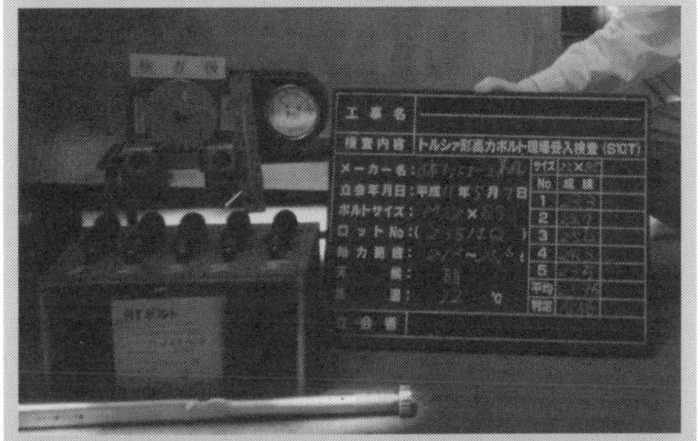

ポイント

品名，サイズ，ロット番号，天候，気温，判定結果，立会者，試験結果（張力値）を確認し撮影する。

鉄骨工事
高力ボルトトルク係数値
試験

No. 9 高力ボルト１次締め状況

ポイント

高力ボルト接合部の仮締め完了後，仮ボルトを残したまま残りのボルト孔に高力ボルトを挿入し手締めを行う。その後，仮ボルトを高力ボルトに取り替えて手締めを行い，手締めの完了した１群のボルトに対し，締付け順序に従って１次締めを行う。

No.10 高力ボルト１次締めマーキング

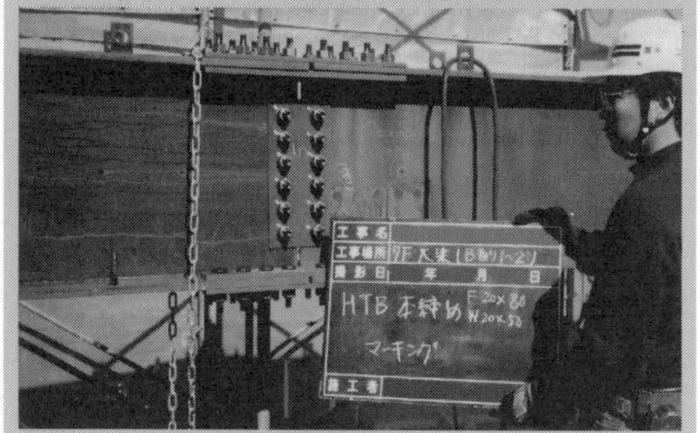

ポイント

すべて１次締め終了を示すマークの表示がわかるように撮影する。

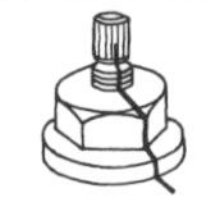

１次締め後のマーキング

No.11 高力ボルト本締め

ポイント

一般に，高力ボルトでは電動レンチによってボルトを締め付け，トルシア型高力ボルトではピンテールが破断するまで締付けを行う。

No.12 高力ボルト本締め後のマーキング確認

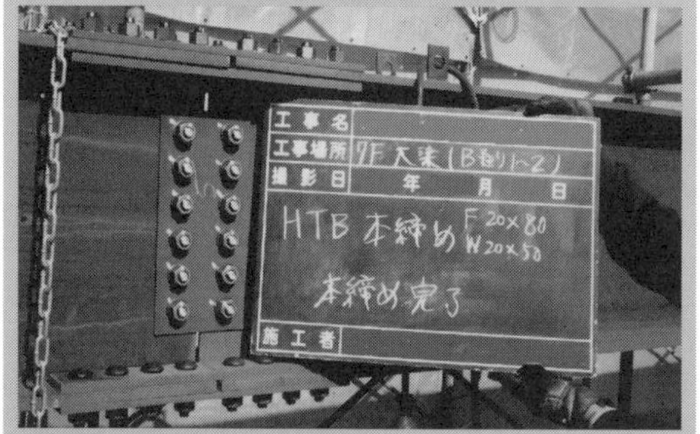

ポイント

１次締め後に付けたマーキングが適正にずれていること（ボルト軸に対するナット回転量が60°～90°）を確認。

本締め後のマーキング

No.13 目違い計測

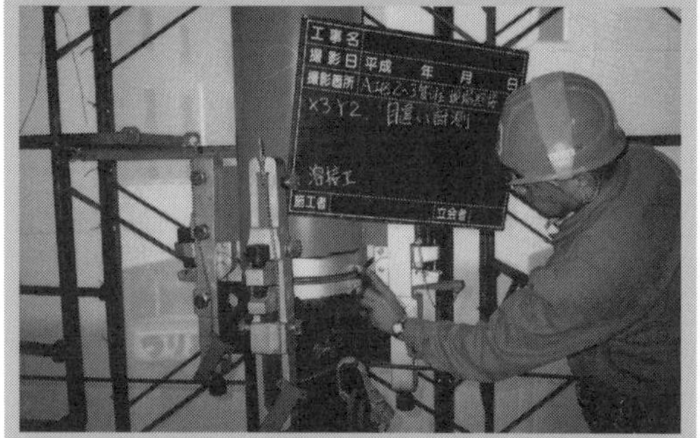

ポイント

黒板には，目違いの計測結果を記入し，計測状況がわかるように撮影する。

鉄骨工事
現場溶接・目違い計測
部位
計測結果

No.14 現場溶接状況

ポイント

黒板には，溶接部位や溶接方法，開先形状，溶接技術者の氏名を記入して撮影する。

鉄骨工事
現場溶接状況
溶接部位，溶接工法
開先形状，溶接技術者

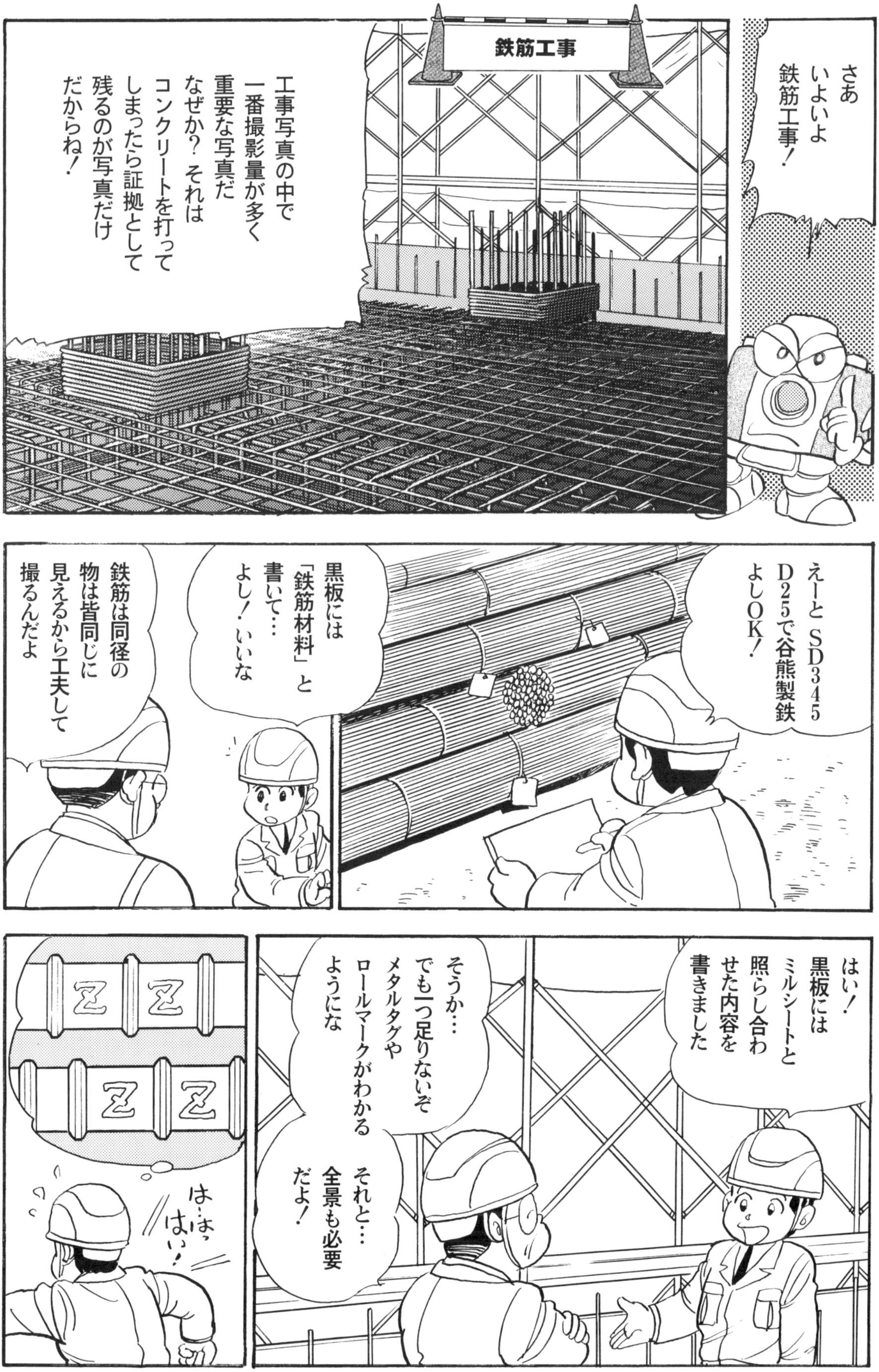
さあ いよいよ 鉄筋工事！
鉄筋工事
工事写真の中で一番撮影量が多く重要な写真だ なぜか？ それはコンクリートを打ってしまったら証拠として残るのが写真だけだからね！
えーと SD345 D25で谷熊製鉄 よしOK！
黒板には「鉄筋材料」と書いて… よし！いいな
鉄筋は同径の物は皆同じに見えるから工夫して撮るんだよ
はい！黒板にはミルシートと照らし合わせた内容を書きました
そうか… でも一つ足りないぞ メタルタグやロールマークがわかるようにな
それと… 全景も必要だよ！
は…はっ はいっ！

工事写真帳 12

鉄筋工事 編〈配筋〉

No. 1 柱配筋

黒板記入事項

撮影箇所	柱配筋

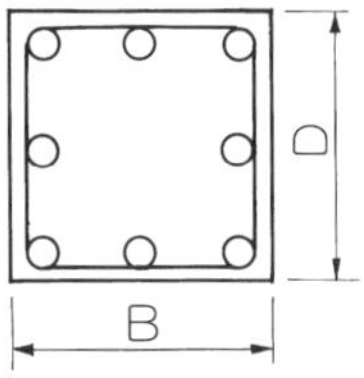

①柱記号
②断面寸法
③ＸＹ方向主筋の径・本数
④帯筋の径・ピッチ

No. 2 梁配筋

黒板記入事項

撮影箇所	梁配筋

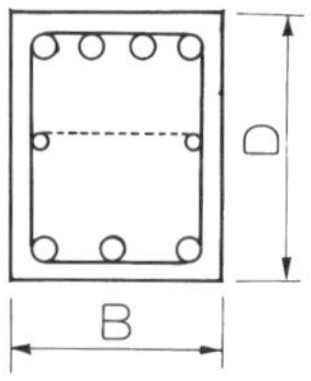

①梁記号
②断面寸法
③主筋の径・本数
④あばら筋の径・ピッチ

No. 3 壁配筋

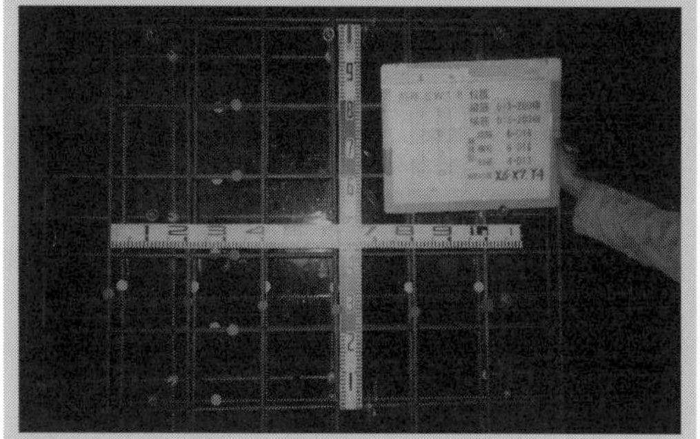

黒板記入事項

撮影箇所	壁配筋

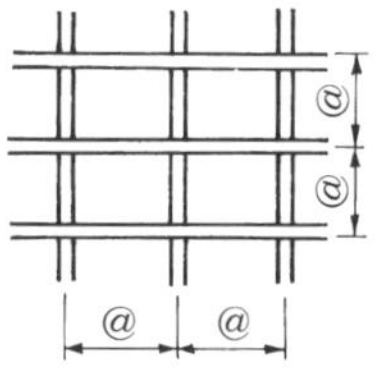

①壁記号
②縦・横筋の径・ピッチ

No. 4 基礎配筋

黒板記入事項

撮影箇所	基礎配筋

①基礎記号
②ベース筋・はかま筋のＸＹ方向の鉄筋径・本数

No. 5　壁・床開口部補強

▶

黒板記入事項

撮影箇所	壁(床)開口部補強

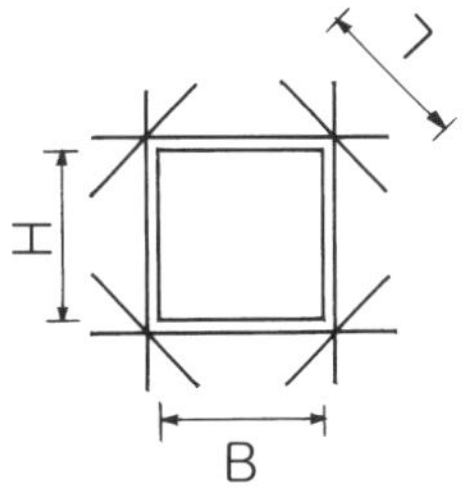

①開口部の大きさ
②補強筋の本数・径・長さ

No. 6　貫通孔補強

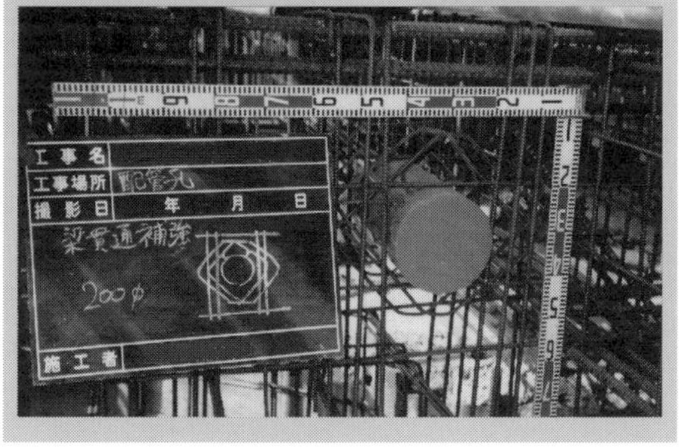

▶

黒板記入事項

撮影箇所	貫通孔補強

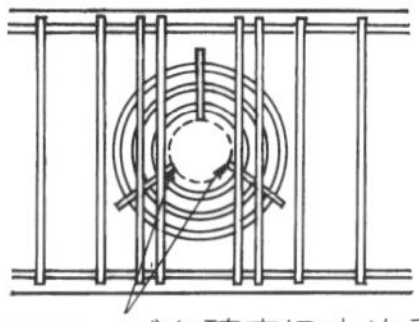

①貫通孔の径
②補強筋の種類
③補強筋の大きさ
④補強筋の径

そうか
黒板に書いただけではだめなんだな…
自分が写真を見たときの立場
本木さんや役所の方が見たときの立場に立って……だな
そうそう
それが大切
ある日――
地中梁って梁成が高いからきらいだよ
下端筋が撮れてるかどうかなんてプリント見てからのお楽しみだもんなァ
何をブツブツ言ってんだよ
下端筋はちゃんと撮れてんだろうね?
あっ
柳瀬さん!
カシャ
カシャ
おい おい!
たっ…たぶん
念のため……
やたらに撮りゃあいいってもんじゃないだろ!
頭つかえよ 頭!
マグネットをつけて撮ったらどうだ
ハァ…?
2
3
4
なるほど
こうすると目標が定めやすいや

翌日
おう！マグネットがばっちり写ってる
ほかのもまともに撮れてるじゃん！
柳瀬くんに指摘されたんだって？マグネットも役に立つもんだろう
ええ見やすい気がしますこんな感じでですが…
……!?
まずいぞこの黒板もっとうまく書かなきゃ
うまくったって……板書はけっこう自信が…
字じゃなく書き方だなんのために写真を撮っているんだ？
これを見て状況がわからなくちゃ意味がないじゃないか!!
わかると…思いますが…
それは図面なり資料が手元にあるからで梁符号も図面がなければただの文字にしか見えないだろ？
確かに…

解説コーナー

Q　工事写真を撮影する際，必要事項をわかりやすく黒板に記入するには，どのようなことに気をつけたらよいのですか？

加納君が所長に指摘された「書き方が悪い黒板」の内容とは，つまりこうだったのです。

「黒板には，配筋の種類と本数だけが記入されており，梁符号や図が記入されていなかった」。これでは，一体どのような状況を撮影したものなのか，また，その写真が正しい内容かどうかが見る人には伝わりません。せっかく施工品質を証明する手段として用いられた工事写真が，まったく意味のないものとなってしまいます。

そこで，加納君のような失敗を防ぐためには，黒板への必要事項の記入に際し，記入事項が「５Ｗ１Ｈ」の条件を満たしているかを確認するとよいでしょう。以上は，配筋の工事写真に限らず，すべての工事について言えることです。

1．いつ(When)：工事(撮影)年月日
2．どこで(Where)：場所，測点
3．誰が(Who)：立会者
4．何を(What)：工事種目，分類
5．どうして(Why)：規格，表示マーク，寸法等
6．どのように(How)：施工方法，品質状況

図１ 黒板の書き方(5W1H)のポイント

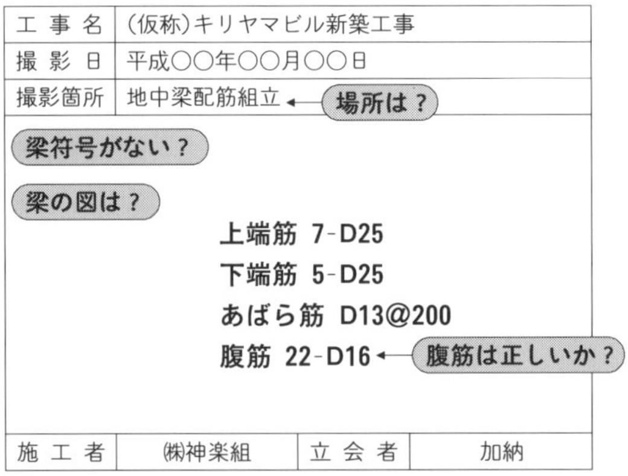

工事名
(仮称)キリヤマビル新築工事
撮影日
平成○○年○○月○○日
撮影箇所
地中梁配筋組立
場所は？
梁符号がない？
梁の図は？
上端筋 7-D25
下端筋 5-D25
あばら筋 D13@200
腹筋 22-D16
腹筋は正しいか？
施工者
㈱神楽組
立会者
加納

図２ 黒板記入内容の悪い例

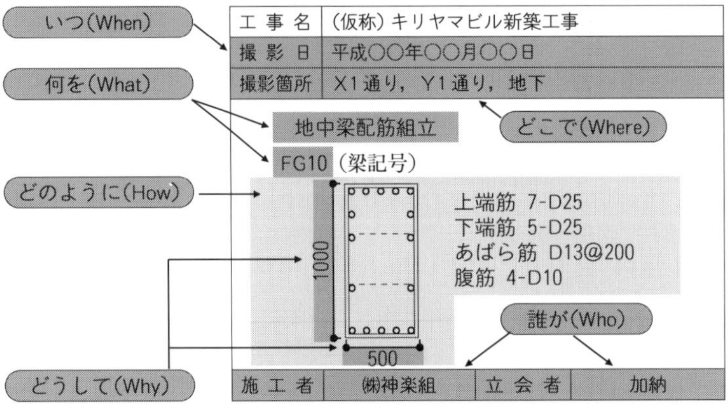

いつ(When)
何を(What)
どのように(How)
どうして(Why)
工事名
(仮称)キリヤマビル新築工事
撮影日
平成○○年○○月○○日
撮影箇所
X1通り，Y1通り，地下
地中梁配筋組立
どこで(Where)
FG10 (梁記号)
1000
500
上端筋 7-D25
下端筋 5-D25
あばら筋 D13@200
腹筋 4-D10
誰が(Who)
施工者
㈱神楽組
立会者
加納

図３ 配筋工事の黒板の書き方(例)

◆撮影前にまず確認!!◆

①撮影前には，周囲の状況（清掃，安全等）を確認し，設計図と施工状況をよく照合し，撮影する。

②配筋の状況が見にくい場合は，鉄筋に色付きビニルテープやマグネットを取り付け，配筋の状況を見やすくする。

③寸法の確認（Ｂ×Ｄやフープ筋のピッチ）のため，リボンテープやスタッフ等を鉄筋に添えて撮影する。

④主筋やフープ筋の径，本数，ピッチを確認し，XY方向を必ず確認する。

黒板には図を書き込んで寸法・規格を設計図と照らし合わせて配筋を確認しながら撮るんだ これじゃ提出できないぞ！
…撮り直しに行ったほうが…いいんですよ…ね？
もちろんだっ!!
明日はコンクリート打設だから今日中にスラブの配筋写真を撮っておいてくれるか
はい 半分はもう撮ってありますので大丈夫です！
そうか… 本木さんが午後に配筋検査にみえるから立会い写真もばっちり撮ってくれよ
では配筋検査を行いましょう
まず自主検査のチェックシートから確認させて下さい

はい こちらがチェックシートです
あら!? スラブ上筋端のかぶりと定着不足の是正をしたんですね
はい そちらはすでに是正を終了しました
でも梁のかぶりは取れていますがスペーサーが不足気味ですね
はい すぐスペーサーを入れます
写真を撮ったときにスペーサーも入ってますよね?
あ… はっ はい…
今からでも間に合うから撮って下さいね
それから柱やスラブもスペーサーを忘れないように
はい!
無事にクリアよかったね! 配筋写真を撮る時は鉄筋の本数やピッチばかり気をとられず付随する物や周辺状況にも気をつけて撮影しなくちゃ!

配筋チェックリスト（梁・スラブ）

日時：平成〇年〇月〇日	位置：X2—Y3〜4 間	チェック者：加納紀信	梁・スラブ記号　SO 1	
検査項目				
検査項目	基準値	チェック	是正内容	確認日
1. 径・本数・加工状態	（本数±0）			
2. 梁継手位置・継手長さ	L_1：上端筋・中央 $l_0/2$ 以内：下端 $l_0/4$			
3. 主筋間隔・2段筋の保持位置・間隔	（あき・25mm かつ 1.5 倍以上）			
4. XY 方向の主筋（上下）位置				
5. 補強筋の状況				
6. コンクリートの充てん可否	（JASS 5 基準による）			
7. ガス圧接のアプセット	圧接形状（ふくらみ径：1.4 以上/軸心のずれ：0.2 以内）			
8. あばら筋径・間隔・寸法				
9. 梁筋定着位置長さ	一般階 L_2：最上階 L_1			
10. フック形状・長さ方向				
11. かぶり厚さ	（JASS 5 基準による）			
12. バーサポート・スペーサーの位置				
13. あばら筋の掛け始め	柱面から 30mm			
14. 結束状況				
15. 幅止め間隔				
16. 腹筋				
17. 貫通穴の位置と補強状況				
18. スラブ筋径・間隔・追い出しの位置		○		
19. スラブ筋継ぎ手位置・継ぎ手長さ	L_1：上端筋・中央 $l_0/2$ 以内：下端	○		
20. スラブ筋定着位置・定着長さ	（JASS 5 基準による）	×	上端筋の定着長さ L_2 が不足のため鉄筋を伸ばした	○／○
21. かぶり厚さ	（JASS 5 基準による）	×	上端筋のかぶり確保のため小梁ぎわにスペーサー追加	○／○
22. 補強筋（開口出隅入り隅・壁・取合い部）		○		
23. 片持ちスラブの端部上筋保持状況				
24. 段差部の納まり				
25. 配筋後の乱れ防止		○		
26. 結束状況		○		
27. 清掃状況		○		

自主検査時の是正事項は以下のとおりです

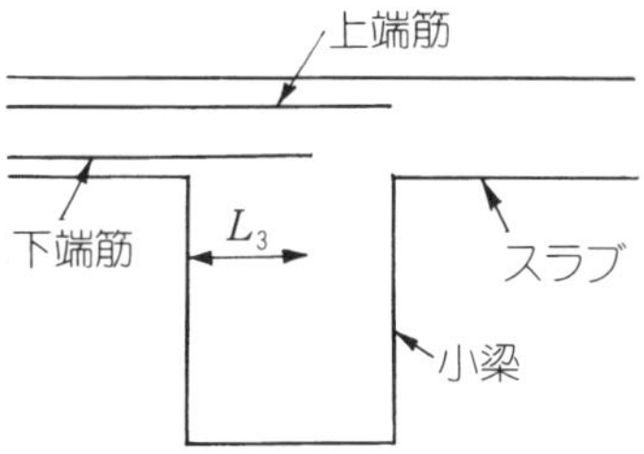

①スラブ上端筋の定着長さが，図のように不足している。
②スラブ上端筋のかぶりを確保するためのスペーサーがない。

図 1 是正前

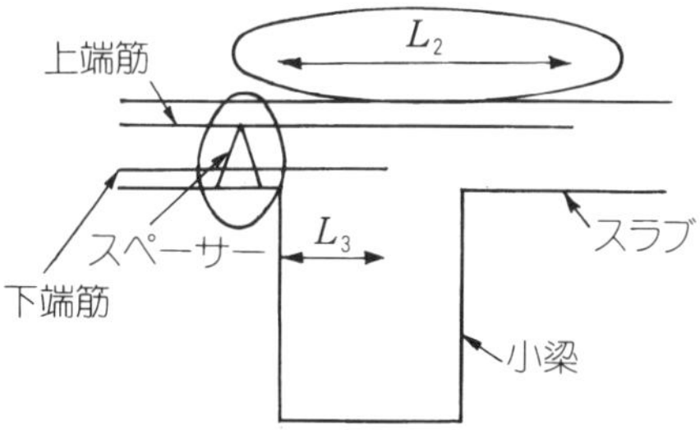

①スラブ上端筋の定着長さL_2まで鉄筋を伸ばす（増やす）。
②スラブ上端筋のかぶりを確保するため，スペーサーを図のように挿入する。

図 2 是正後

表 1 鉄筋の定着および重ね継手長さ L_1, L_2, L_3 (引用＊2)　　(JASS 5)

鉄筋の種類	コンクリートの設計基準強度（N/mm²）	重ね継手長さ L_1	定着の長さ		
			一般 L_2	下端筋 L_3	
				小梁	屋根・床スラブ
SD295A SD295B SD345	27，30，33，36	35*d* (25*d*)	30*d* (20*d*)	25*d* (15*d*)	10*d*かつ150㎜以上
	21，24	40*d* (30*d*)	35*d* (25*d*)		
	18	45*d* (35*d*)	40*d* (30*d*)		
SD390	27，30，33，36	40*d* (30*d*)	35*d* (25*d*)		
	21，24	45*d* (35*d*)	40*d* (30*d*)		

注 1）（　）内は180°フック付長さを示す。
2）径の異なる鉄筋の重ね継手長さは，細い鉄筋の呼び名（*d*）による。
3）末端のフックは，定着および重ね継手の長さに含まない。
4）D29 以上の鉄筋は，杭主筋を除き，原則として重ね継手としない。

工事写真を撮影する際の現場管理者の心得

その１　撮影対象物の周辺のゴミ等の清掃および整理・整頓をする。

その２　撮影上やむを得ず人が入る場合（黒板を持つためなど），服装・ヘルメットの着用（あごひもをきちんと掛ける）・安全帯の着用を確認のうえ行う。

その３　脚立を使っての最上段作業や高所作業時での安全帯の未使用など，不安全行動を禁止する。

その４　撮影対象物以外のものは，できるだけ写さないようにする。

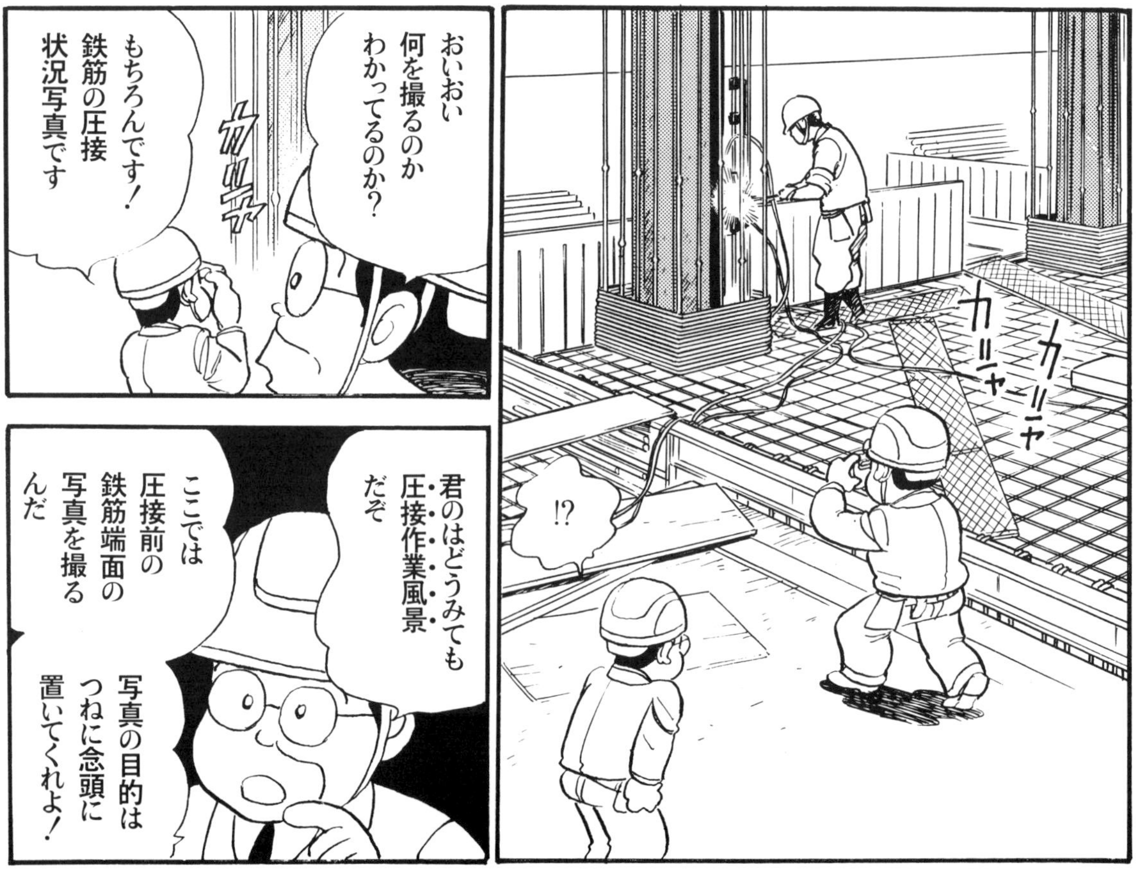
カシャ
カシャー
!?
おいおい 何を撮るのか わかってるのか?
カシャ
もちろんです! 鉄筋の圧接 状況写真です
君のはどうみても 圧接作業風景 だぞ
ここでは 圧接前の 鉄筋端面の 写真を撮る んだ
写真の目的は つねに念頭に 置いてくれよ!

工事写真帳 13　鉄筋工事 編〈圧接〉

鉄筋の継手は，限られた長さの鉄筋を連続した所定の長さにするため，鉄筋と鉄筋とを接合するものです。

鉄筋の継手には，D16（16φ）以下では重ね継手，D19（19φ）以上ではガス圧接が用いられており，最近では太径または極太径鉄筋の場合，各種の特殊継手が用いられています。

阪神・淡路大震災や台湾大震災などでもわかるように，鉄筋コンクリート造の建物において鉄筋の継手部分は構造上重要な部分であり，その施工品質が特に問題となります。また，継手種類の選定によっては施工計画や工事工程，工事費用に反映されるため，鉄筋工事においては非常に重要な部分となります。

ここでは特に，D19（19φ）以上で用いられるガス圧接について，そのポイントを解説します。

No. 1　圧接前の鉄筋端面処理

ポイント　端面に油脂・塗料・セメントペースト等の付着がないか，また仕上げは平滑か，面取りされているかを確認。

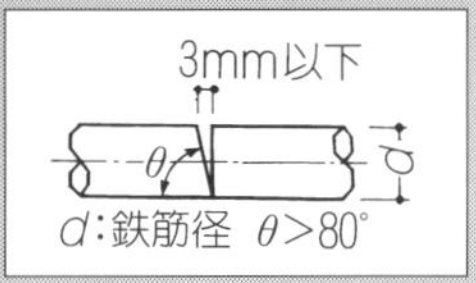

No. 2　圧接状況

ポイント　圧接鉄筋の部位，1次・2次加圧の別，圧接技量者の氏名を黒板に記入し撮影する。

鉄筋工事
圧接状況
部位：2階立上り
1次，2次加工の別
圧接技量者氏名

No. 3　圧接部外観検査

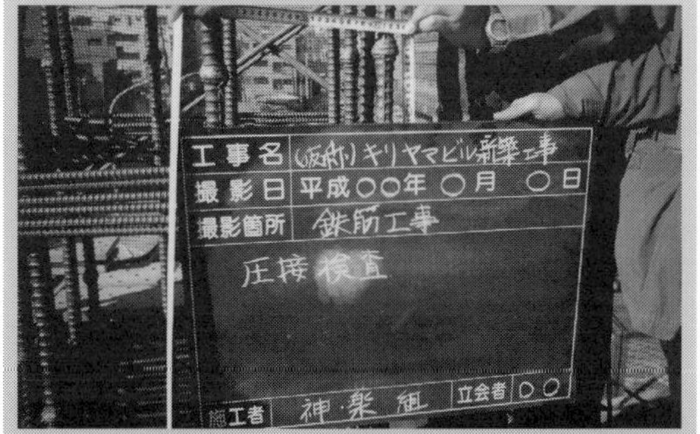

ポイント　圧接部位，鉄筋径，設計値と測定値の比較を黒板に記入し撮影する。ただし，圧接部のふくらみについては，右図に示す項目①～④について確認のうえ撮影する。

▶

圧接部のふくらみの直径・長さ・軸偏心量・圧接面のずれの測定結果の判断基準は，次のとおり。

①ふくらみ直径は，原則として鉄筋径の1.4倍以上とし，片ふくらみがないこと。

②ふくらみ長さは，鉄筋径の1.1倍以上とし，なだらかで垂れ下がりがないこと。

③鉄筋中心軸の偏心量は，鉄筋径の1/5以下（熱間押板法による場合にも適用する）。

④ふくらみの頂部からの圧接面のずれは鉄筋径の1/4以下。

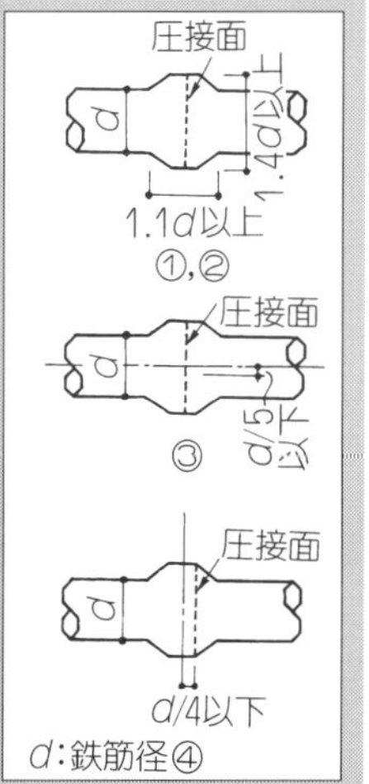

ふあぁ
まったく
建設現場って
のはもう…
今日は
コンクリート打設日
加納くんは生コン
プラントに打設の
最終確認の電話を
している
コンクリート工事
はい
じゃあ
ヨロシク!
ピッピッピ
受入れ検査を始め
ますんで
よろしくお願い
しまぁす

加納　今，生コンの受入れ検査してますんで…

本木　！　ははぁーん，塩化物量測定するのを忘れてたんでしょ？

加納　…

はっはっはばれちゃったね

スランプ・空気量・生コン温度を確認し さあ写真撮影といったところで…

飯田　監督さん，生コン受入れ初めて？ 塩化物量を測定しなくていいの？

加納　あっ！

本木　あらー，おはようございます あわててどうしたの？

解説コーナー

Q　コンクリートの受入れ検査では，なぜ塩化物量の測定が必要なのですか？　また，そのほかにはどのような検査項目があるのですか？

コンクリート構造物の劣化現象の一つに「塩害」があります。これはコンクリート中に存在する塩化物イオンの作用により鋼材（鉄筋やPC鋼線等）が腐食し，コンクリート構造物に損傷を与える現象です。「塩害」を防ぐためには，コンクリート中に含まれる塩化物イオンの量を制限する必要があります。この「塩化物量」を測定するのが「塩化物量」検査です。

また，その他の検査項目については，表1を参照して下さい。

表1 コンクリート受入れ検査の項目（引用＊3）　（JASS 5）

項　目	判定基準	試験・検査方法	時期・回数
(1) コンクリートの種類 (2) 呼び強度 (3) 指定スランプ (4) 粗骨材の最大寸法 (5) セメントの種類 (6) 輸送時間 (7) 納入容量	発注時の指定事項に適合することを確認	納入書による確認	受入れ時 運搬車ごと
(8) 単位水量	規定した値以下	打込み当初，打込み中，品質変化が認められた場合	調合表およびコンクリートの製造記録による確認
(9) ワーカビリティーおよびフレッシュコンクリートの状態	ワーカビリティーが良いこと 品質が安定していること	目視	受入れ時，随時
(10) スランプ	表2参照	82ページ写真❻，❼参照	①JIS A 5308による場合，原則として試験回数は打込み工区・打込み日ごと，かつ150㎥またはその端数ごとに1回，1検査ロットに3回とする（圧縮強度の1回の試験には3個の供試体を用いる）。 ②JIS A 5308によらない場合，特記による。特記のない場合は，上記①による。
(11) 空気量	表3参照	82ページ写真⓮参照	
(12) 圧縮強度	①1回の試験結果は，購入者が指定した呼び強度の値＊）の85％以上。 ②3回の試験結果の平均値は，購入者が指定した呼び強度の値＊）以上。		
(13) 塩化物量	荷卸し地点で，塩化物イオン（Cl^-）量として，0.3kg/㎥以下でなければならない。ただし，防錆上有効な対策を講じたうえで，やむを得ない場合は，0.6kg/㎥まで許容。	82ページ写真❽参照	海砂など塩化物を含むおそれのある骨材を用いる場合，打込み当初および150㎥に1回以上，その他の骨材を用いる場合は，1日1回以上とする。
(14) アルカリ量	$R_t=0.01\times R_2O\times C+0.9\times Cl^-+R_m$ で計算した場合，3.0kg/㎥以下 $R_t=0.01\times R_2O\times C$ で計算した場合，2.5kg/㎥以下	材料の試験成績書，配合報告書およびコンクリート製造管理記録による確認	打込み日ごと

＊）呼び強度に小数点をつけ，小数点以下1桁目を0とするN/㎟で表した値

表2 スランプの判定基準　（JIS A 5308）

スランプ	スランプの許容値
2.5	±1（cm）
5及び6.5	±1.5（cm）
8以上18以下	±2.5（cm）
21	±1.5（cm）

表3 空気量の判定基準　（JIS A 5308）

コンクリートの種類	空気量	空気量の許容差
普通コンクリート	4.5	±1.5（％）
軽量コンクリート	5.0	
舗装コンクリート	4.5	

工事写真帳 14　コンクリート工事 編〈コンクリート受入れ検査〉

コンクリートの受入れ検査は，コンクリートの品質を確保するため，発注時の指定事項に適合することを確認するために行うものです。検査の流れを写真で解説してみましょう。

❶生コン車より，コンクリート流の３箇所以上から採取する

❷スランプコーンにコンクリートを３層に分けて詰める

❸コンクリートを１層につき25回ずつ，均等に突き棒で突く

❹スランプコーンのまわりを清掃する

❺スランプコーンを引き上げる。引上げ時間は 2〜3 秒とする

❻スランプ値の測定。判定基準は81ページ表２による

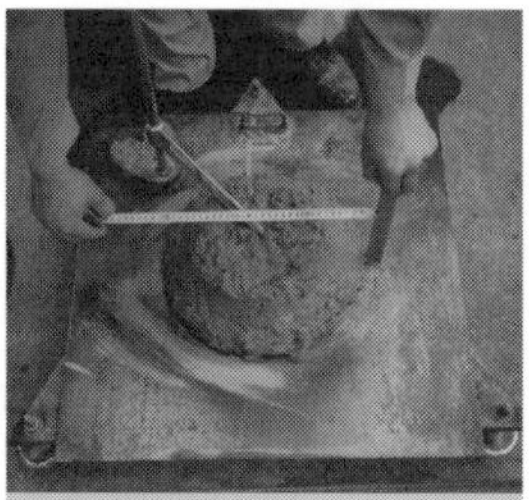

❼スランプフロー値の測定およびコンクリート温度の測定

❽塩化物量の測定。塩化イオン（Cl^-）量として0.3kg/m³以下

❾空気量測定器

❿コンクリートを１層当たり 1/3 ずつ詰める

⓫底をつかないように，コンクリートを突き棒で 25 回ずつ突く

⓬木づちで測定器のまわりを 10〜15 回たたく

⓭容器の上面をならす

⓮空気量の測定。なお，判定基準は81ページ表３による

⓯コンクリート供試体用鋼製型枠

⓰コンクリートを供試体用型枠に詰め，突き棒で突く

No.1 コンクリート受入れ検査

ポイント スランプ試験，空気量，塩化物量試験，コンクリート温度が設定した値のとおりであれば，コンクリート圧縮強度用供試体を作製し，確認の全体写真を撮る。その際，右に示すような項目を黒板に記入し撮影する。

工事名称	(仮称)キリヤマビル新築工事		
施工者名	(株)神楽組		
試験日	○年○月○日	天候	晴
打設箇所	1階床		
配合	30-18-( )-20-N		
スランプ	20.0cm	筒先・荷卸	1回目
空気量	4.0%	塩化物量	ソルコンkg/m^3
フロー値	32.0×31.0cm		
コン温	14.5℃		
外気温	9.2℃	立会者	

注）コン温とは，コンクリート温度のこと。

参考

写真❷ 水密性の平板上(80cm×80cm以上)に水平にスランプコーンを置き，試料をほぼ等しい量の三層に分けて詰める。

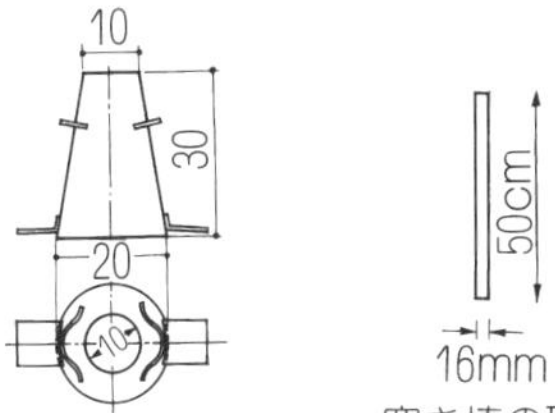

突き棒の形状

写真❸ 各層を突き棒でならしたあと，25回均等に突く。また，各層を突く際は，前層にほぼ達する程度とし，コンクリートを詰め始めてから詰め終わるまでの時間は3分以内とする。

写真❺ スランプコーンを引き上げる時間は，高さ30cmで2～3秒とする。

写真❻ スランプコーンに詰められたコンクリートの上端に合わせてならしたあと，直ちにスランプコーンを静かに鉛直に引き上げ，コンクリートの中央部の下がりを測定し，これをスランプとする。

写真❽ コンクリート中に測定器を入れるだけで塩分量の測定を行う(簡易測定法)。

写真❿ 容器の1/3まで試料を入れる。

写真⓫ ならしたあと，容器の底を突かないように各層を突き棒で25回均等に突く。

写真⓬ 突き穴がなくなり，コンクリートの表面に大きな泡がなくなるようにするため，容器の側面を10～15回木づちでたたく。

写真⓭ 容器の約2/3まで試料を入れ，写真⓫，⓬で行った操作を繰り返す。最後に容器から少しあふれる程度に試料を入れ，同様の操作を繰り返したあと，定規で余分な試料をかき取り平坦にする。

写真⓮ 容器にふたをして空気量を測定する。

写真⓯ 供試体は，直径の2倍の高さを持つ円柱形とし，その直径は粗骨材の最大寸法の3倍以上，かつ10cm以上とする。

写真⓰ コンクリートは，ほぼ等しい層に分けて詰める。各層ごとに，型枠の軸にほぼ対称となるようにコンクリートを入れ，その上面を突き棒でならす。

*）写真❷，❸，❺，❻，❽の解説はJIS A 1101，写真❿，⓫，⓬，⓭，⓮の解説はJIS A 1128，写真⓯，⓰の解説はJIS A 1132による。

やれやれ… どうにか写真は撮れました 無事受入れ検査も終わりと 打設開始!! 打設状況について全体状況と 打設部位の詳細を撮り 始めた加納くんだが…
おーい 監督さん！ 黒板こっちに 置きっぱなし だよォー
あちゃ
DPE・写真用品
こんにちはー またお願いします
浜
DPE・写真用品・撮
やあ いらっしゃい 連日大変で すね
いやあ 失敗の連続で 撮り直しして いるから こんなに 通っちゃうんですよ
ハハハ

正確第一で細かいとこまで気をつかうんでしょうね工事写真は
いやぁ
それもありますけど…
ぼくには向いてないのかなァ…
そんなこと言うけど私だって…今でこそ写真館の主として勤まっているけど駆け出しの頃は何度自信をなくしたことか…
そうなんだ…
恥ずかしくて人に言えないような失敗をずいぶんやりましたよ
でも結局この仕事が好きだったんだなァ…
…………
この仕事が好き…か
ぼくも堂々と言える日が来るかなァ…

工事写真帳 15　コンクリート工事 編〈コンクリート打設状況〉

コンクリートの打設で一番重要なことは，建て込んだ型枠の中にコンクリートを密実に充てんすることです。まず，コンクリート打込み前には，型枠工事・鉄筋工事・設備工事などが完了し，それぞれの検査が合格していることを確認します。

次の，コンクリート打込み時には，関係者が打設計画を十分に理解して施工にあたれるよう，関係者全員と打込み前に打合せを行い，計画を周知させたうえで，施工することが大切です。その際，施工管理者と職長が，どのようにしたら良い品質のコンクリートを打設できるか，打込み方法や締固め方法等を協議しましょう。

最後に，打設完了後の仕上がり状況を関係者で確認し，不良箇所の原因を互いに検討し，次回からの再発防止を計ることが肝要です。

No. 1　コンクリート打設状況

ポイント　黒板に打設部位，コンクリートの配合を記入し，打設機器がわかるように，打設状況の全景を入れて撮影する。

コンクリート工事
コンクリート打設状況
打設部位：2階立上り
コンクリート配合

No. 2　コンクリート出来形

ポイント　黒板には部位，寸法の設計値，実測値を記入し，リボンテープ等を当てて撮影する。

コンクリート工事
コンクリート出来形
部位：3階スラブ
設計値：230
実測値：235

豆知識

◆型枠工事の写真の撮り方◆

加納　ふぅ～。躯体工事って，建物の構造体としての品質を左右する大事な工事だけに神経使いますよね。上階すべてが完成するには，まだまだ道のりは遠いなぁ…。

所長　何を言ってるんだ！　こんなことぐらいで音をあげてどうするんだ!!

加納　…と，ところで所長，型枠工事でも写真を撮るにあたって重要なことがありましたね。

所長　うむ。いい機会だから，ここで工事写真の撮り方を中心に，型枠工事の流れを整理してみようか。

所長　まず，型枠工事で大事なことは，打設されたコンクリートの寸法，建入れ精度を良くするためには，型枠が自重と外的条件に耐え，しかも垂直，水平を保持しうる部材と組立工法が所要の精度を得られるようになっていなければならないということだ。
また，内部に埋設する金物やスリーブ等，建築・設備工事に関連する取付け物を忘れないことも大切だ。
以上のことを考えずに施工すると，あとでコンクリートをはつることになり，コンクリートの品質そのものを損なうことになるから注意しなければならないぞ。

加納　はい！　そのためにも私たちは，型枠作業が正しくかつ円滑に実施されているか，作業過程において確認を行うとともに，適切な指示を与えなければならないということですね。

所長　そのとおりだ。型枠組立完了後に間違いや手直しを指摘することは，時間や資材，労力のロスにつながり，工事遅延の原因となるからね。

加納　型枠の検査，点検は時期に応じて適切に，ですね。

所長　さて，問題の写真撮影のポイントだが，型枠工事で必要な写真の項目には，①型枠材料，②剥離剤，③建入れ検査，④通り検査等があって，型枠材料は，せき板としては一般的にコンクリート型枠用合板が使用されており，その品質はJASで定められている。したがって，写真撮影に際しては，合板の種類・形状を黒板に記入し，JASマークがわかるように撮る必要があるぞ。

加納　あのぉ…次に剥離剤ですね。

所長　!?　そういえば，きみは剥離剤の写真を撮り忘れたっけな…。当然，型枠材料同様，剥離剤も表示が見えるように撮影しなければ意味がないぞ。
最後に，型枠工事の写真で最も重要なのが，「建入れ検査」と「通り検査」だ。
それぞれのチェック項目に従って施工が正しい内容であることを確認したうえで，黒板に必要事項を記入し撮影すること。

剥離剤の選定のポイント

①剥離性が良いこと
②塗布作業が容易なこと
③せき板の転用回数を増やすこと
④水洗い，降雨等で流失しないこと
⑤コンクリート面の汚れ，着色，硬化不良等を生じさせないこと
⑥仕上材の付着に害がないこと
⑦経済的であること

型枠組立完了時の検査のポイント

①不良箇所の手直し事項が直っているか
②未了箇所はないか
③通り，垂直などの精度の再確認
④支保工の筋かい，水平のつなぎに不完全な箇所はないか，ターンバックルの緩みはないか
⑤足場と型枠とをつないでないか
⑥支柱を地盤から直接立ててないか。特に沈下に対して処置を行っているか
⑦パイプサポートを２本以上継いだ場合の継手部の異常，ボルトの締付けは完全か
⑧インサート，埋込み金物等の位置，寸法の確認
⑨梁底，スラブ面等の清掃

No. 1　剥離剤

ポイント　黒板には，剥離剤の品名等を記入し，剥離剤の表示がわかるように撮影する。

> 型枠工事
> 剥離剤
> 　剥離剤の品名:○○○○

No. 2　建入れ検査

ポイント　黒板には，測定数値を記入し，下げ振りの糸やピアノ線の位置がわかるように撮影する。

> 型枠工事
> 建入れ検査
> 　部位：2階立上り
> 　測定値：50mm

No. 3　通り検査

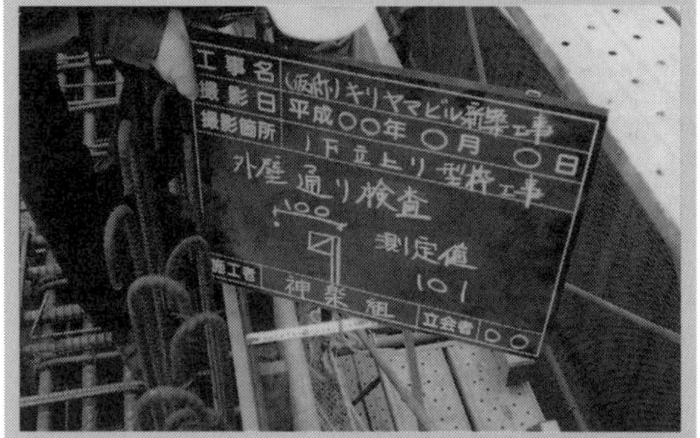

ポイント　黒板には，測定数値を記入し，下げ振りの糸やピアノ線の位置がわかるように撮影する。

> 型枠工事
> 通り検査
> 　部位：1階立上り
> 　測定値：101mm

撮影計画に役立つ工事写真 272 〈その 3〉　ＡＡ：最も重要／Ａ：重要／Ｂ：必要

工種	No.	重要度	撮影対象	黒板のタイトル	撮影時の黒板記入事項	撮影上の留意点	数量・頻度
基礎鉄筋工事	25	B	材料確認	鉄筋のラベル	製造所名，規格，材質，径	全景とラベルの読み取りの写真が１枚必要	製造所別で径ごと
	26	A	材料確認	鉄筋のロールマーク	ロールマークの略図化，製造所を記入	工場加工搬入の場合には，加工工場で撮影する	製造所別で径ごと
	27	B	材料確認	保管状況	鉄筋の種別，径を記入	シート等の養生を取って撮影する	そのつど

工種	No.	重要度	撮影対象	黒板のタイトル	撮影時の黒板記入事項	撮影上の留意点	数量・頻度
基礎鉄筋工事	28	AA	基礎配筋組立	基礎配筋	基礎符号，短辺・長辺の別，径およびピッチまたは本数を記入	①短辺・長辺を同時にリボンテープを当てて撮影するとよい ②基礎符号別に最低各1枚必要	工区別に符号ごと各2～3セット
	29	AA	基礎配筋組立	耐圧版配筋	版符号，短辺・長辺および上下の別，径およびピッチを記入	①短辺・長辺を同時にリボンテープを当てて撮影するとよい ②版符号別に最低各1枚必要	工区別に符号ごと各2～3セット
	30	AA	基礎部分柱配筋組立	柱脚配筋	柱アンカーの長さ，基礎への定着長さを図化	定着長さの不足に注意	工区別に符号ごと各2～3セット
	31	AA	地中梁配筋組立	大梁地中梁配筋	梁符号，鉄筋径，上下主筋本数，あばら筋間隔を記入	①記入した内容全体がわかる位置で撮影する ②中央，端部の位置の間違えに注意 ③ふかし筋は別に撮ったほうがよい ④マグネットを使うとよくわかる ⑤型枠を取り付ける前に撮影する	工区別に符号ごと各2～3セット
	32	AA	地中梁配筋組立	小梁地中梁配筋	梁符号，鉄筋径，上下主筋本数，あばら筋間隔を記入	①記入した内容全体がわかる位置で撮影する ②中央，端部位置の間違えに注意 ③ふかし筋は別に撮るほうがよい ④マグネットを使うとよくわかる ⑤型枠を取り付ける前に撮影する	工区別に符号ごと各2～3セット
	33	AA	地中梁配筋組立	大梁，小梁の梁主筋定着	定着長さ，位置関係を記入	柱，大梁への定着長さの不足に注意	工区別に符号ごと各2～3セット
	34	AA	地中梁配筋組立	梁貫通孔補強	貫通孔の径，補強筋の本数，径，長さを記入	①貫通孔の位置が仕様と合うか ②排水勾配が取れないため，主筋に近いものもあるので注意	工区別に各配管径ごと2～3箇所
	35	AA	地中梁配筋組立	かぶり厚さ確認	かぶり厚さを記入	型枠からの寸法を撮影するとよくわかる	かぶり厚さごと
	36	A	地中梁の圧接	圧接端面の処理作業	圧接鉄筋の位置，上下主筋別，径および仕様にあった作業を記入	作業中の写真で作業が確認できるもの	工区別に各配管径ごと2～3箇所
	37	A	地中梁の圧接	圧接端面の状況	圧接端面の油脂，塗装，セメントの付着などがないかの確認項目を記入	作業後の処理面の状態を撮影	各径ごと
	38	A	地中梁の圧接	圧接状況	圧接鉄筋の位置，上下主筋別，径および仕様にあった作業を記入	一次，二次加圧の別，圧接技術者の氏名を記入	工区別に各配管径ごと2～3箇所
	39	A	地中梁の圧接	圧接部の外観検査	ふくらみの直径，ふくらみ長さ，圧接面のずれ，偏心量を記入	圧接面のずれ，偏心量のないものは記入しない	工区別に各配管径ごと2～3箇所
	40	A	地中梁の圧接	超音波検査状況	試験機関，試験位置，径，超音波試験の判定結果および立会者氏名を記入	試験者が試験している手順状況と監理者が検査確認している状況は分けて撮影する	試験数量ごとに撮影
	41	A	地中梁の圧接	圧接部の試験片	試験片採取鉄筋の部位，径を記入	試験片の長さ，本数，圧接部状況を確認して撮影する	試験数量ごとに撮影
	42	B	地中梁の圧接	試験片採取後の補強状況	試験片採取箇所の部位および梁符号を記入	補強状況を手順ごとに撮影する	試験数量ごとに撮影
	43	A	床版配筋組立	床版配筋	配筋符号別に径，長辺・短辺，上下のピッチを記入	①色付きマグネットで，識別できるように色を変えて表示 ②リボンテープが読み取れる位置で撮影	工区別に符号ごと2～3箇所

工種	No.	重要度	撮影対象	黒板のタイトル	撮影時の黒板記入事項	撮影上の留意点	数量・頻度
基礎鉄筋工事	44	B	床版配筋組立	スペーサー	床版厚，下部スペーサーの高さを図示し記入	①図示により上部のかぶり厚さもわかるようにする ②スタッフの寸法が見えるように撮る	工区別に符号ごと2〜3箇所
基礎型枠工事	45	B	型枠材料確認	合板せき板	型枠用合板の材種，厚さ，JASマークを記入	一枚ごとか梱包ごとに，厚さがわかるように撮る	搬入ごと
	46	B	型枠建込み	建入れ検査	測定部位，測定結果を記入	下げ振りを使用し，上下の寸法を記入すると精度がわかる	検査場所ごと
基礎コンクリート工事	47	B	打込み前養生	鉄筋養生	鉄筋養生	養生状況の全体と個別を撮影	柱，壁筋ごと
	48	B	打込み前養生	散水状況	散水状況	作業全体がわかるように撮影する。特に基礎鉄筋や捨てコン上に泥がないことを確認して撮影する	1〜2枚程度
	49	AA	コンクリート打設	受入れ検査	スランプ，空気量，フロー値，コンクリート温度，塩化物量，呼び強度，指定スランプ，粗骨材の最大寸法，テストピース採取本数，コンクリート打設箇所	記載事項が多く，黒板の文字が読めないことが多いので，近くから撮る	検査単位ごと
	50	B	コンクリート打設	打設状況	基礎，地中梁コンクリート打設状況	打設機器がわかるように撮影	打込み日ごと数箇所
	51	B	コンクリート打設	締固め	締固め位置，部位を記入	締固め用機器の配置状況が確認できるように撮影	打込み日ごと数箇所
	52	B	コンクリート打設	タンピング状況	タンピング位置を記入	タンピングの状況がわかるように撮影する	打込み日ごと数箇所
	53	B	コンクリート打設	こて押え	1回目，2回目を記入	こて仕上げ箇所部位およびこて仕上げ工程を記入し，撮影時の工程を記入	打込み日ごと数箇所
	54	A	コンクリート打設	打継ぎ	処理位置，方法を記入	打継ぎ面がわかるように撮影する	打込み日ごと数箇所
	55	AA	コンクリート強度試験	テストピースの養生	現場水中養生，封かん養生別を記入	養生設備がわかるように撮る	打込み日ごと
	56	B	打設後の養生	散水養生	コンクリートの打設箇所	養生状況を撮影	打込み日ごと数箇所
土工事	57	A	埋戻し	埋戻し状況	仕様の手順ごとに，1層目，2層目…と入れ，埋戻し寸法を記入	締固めごとに梁，または柱にスプレーで印を付けて，埋戻しごとに撮影	工区別に埋戻し高さごと数箇所
	58	A	埋戻し	締固め状況	仕様の機械名，転圧回数を記入	個別の作業場所と全体の完了状況を撮る	2〜3枚程度
基礎コンクリート工事	59	A	出来形	コンクリートの出来形検査	測定場所，位置，コンクリート寸法の設計値・実測値を記入	①仕様にある場合には撮影する ②監理者が立ち会う場合には氏名 ③個別の作業場所と全体の完了状況を撮る	工区別に検査場所ごと各符号別に2〜3箇所
	60	A	コーン処理	コーン穴埋め処理	位置，方法，穴埋め材料を記入	①Pコンを使用する場合 ②監理者が立ち会う場合には氏名 ③個別の作業場所と全体の完了状況を撮る	工区別に2〜3枚程度
	61	A	型枠締付け用金物の頭処理	錆止め処理	位置，方法，錆止め材料を記入	①セパを使用する場合 ②監理者が立ち会う場合には氏名 ③個別の作業場所と全体の完了状況を撮る	工区別に2〜3枚程度

工種	No.	重要度	撮影対象	黒板の タイトル	撮影時の黒板記入事項	撮影上の留意点	数量・頻度
地業工事 土間砂利	62	AA	締固め	締固め状況	仕様の機械名，転圧回数を記入	個別の作業場所と全体の完了状況を撮る	工区別に2～3枚程度
	63	AA	締固め	計測状況	使用材料，厚みの設計値と実測値を記入	個別の作業場所と全体の完了状況を撮る	工区別に2～3枚程度
床下防湿層	64	AA	防湿シート	施工状況	使用材料，厚みを記入	①重ね部の長さや地中梁へののみ込み長さが仕様どおりか確認 ②個別の作業場所と全体の完了状況を撮る	工区別に2～3枚程度
	65	AA	断熱材敷込み	施工状況	使用材料，厚みを記入	①割れ等の破損や隙間のないことを確認 ②個別の作業場所と全体の完了状況を撮る	工区別に2～3枚程度
土間鉄筋工事	66	AA	床版配筋組立	床版配筋	配筋符号別に径，長辺・短辺，上下のピッチを記入	①色付きマグネットで識別できるように色を変えて表示 ②リボンテープが読み取れる位置で撮影	工区別に各符号ごと2～3箇所
土間コンクリート工事	67		土間コンクリート打設	＊No.47～56と同様	＊No.47～56と同様	＊No.47～56と同様	打込み日ごと
鉄骨工事	68	B	材料搬入	鋼材搬入検査	材質，板厚，幅，長さ，製造番号，使用部位を記入	材料種別ごとに撮影	搬入ごと
	69	B	原寸検査	テープ合せ	引張り力，JIS 1 級の許容差を記入	鉄骨製作用基準巻尺と工事現場で使用する巻尺を照合している状況の写真	1～2枚程度
	70	A	原寸検査	型板，定規検査	仕口，継手，ガセットプレート，ベースプレート，ガセット・梁貫通位置等	原寸検査の状況を，設計者，監理者を入れて撮影	項目別に数箇所
	71	A	組立検査	開先状況	開先角度の許容差と測定値，および設計者，監理者等の立会者氏名を記入	①ゲージでの検査状況を設計者，監理者を入れて撮影 ②開先の粗さ，清掃状況に注意	項目別に数箇所
	72	A	組立検査	仮組み状況	柱，梁のおもな部位，および設計者，監理者等の立会者氏名を記入	おもに柱，ブラケット部のフランジとダイヤフラムの目違い，エンドタブ，裏当て金の取付け状況，スカラップの大きさを撮る	部位ごとに項目別で数枚
	73	AA	組立検査	溶接状況	柱，梁のおもな部位，および設計者，監理者等の立会者氏名を記入	すみ肉の脚長，回し溶接，完全溶込み溶接の外観等を撮る	部位ごとに項目別で数枚
	74	A	製品検査	脚長計測状況	すみ肉の脚長，肉盛り，のど厚・ふくらみの許容差と測定値，および設計者，監理者等の立会者氏名を記入	溶接ゲージ，限界ゲージ等を用いて撮影	部位ごと
	75	A	製品検査	製品検査状況	検査部位および製品検査内容，立会者氏名を記入	部位ごとに拡大して撮影する	部位ごと
	76	AA	製品検査	超音波探傷検査	探傷方法，検査部位，立会者氏名，検査技術者氏名を記入	部位ごとに拡大して撮影する	部位ごと
	77	A	スタッドボルト	スタッドボルト溶接	スタッドの長さおよび測定結果を記入	部位ごとに拡大して撮影する	部位ごと
	78	AA	アンカーボルト	取付け状況	アンカーボルトの保持および埋込み寸法を記入	部位ごとに拡大して撮影する	工区別に種類ごと数箇所

工種	No.	重要度	撮影対象	黒板のタイトル	撮影時の黒板記入事項	撮影上の留意点	数量・頻度
鉄骨工事	79	B	ベースモルタル	材料搬入	材料名，配合を記入	部位ごとに拡大して撮影する	数枚
	80	B	ベースモルタル	ベースモルタル塗り	ベースモルタルの材料，寸法厚さを記入	部位ごとに拡大して撮影する	数枚
	81	B	建方	建込み状況	全体状況	建込み工程ごとに撮影するとわかりやすい	工区または工程ごと
	82	A	建方	建入れ検査	柱部位，検査道具，許容差等と監理者氏名を記入	建入れ精度，柱スパンの確認が必要	工区または工程ごと
	83	A	高力ボルト	材料搬入	使用する高力ボルトの種別，種類，径，長さを記入	保管の状況に注意して撮影	搬入ごと
	84	AA	高力ボルト	高力ボルトトルク係数値試験	品名，サイズ，ロット番号，天候，試験結果の合否の判定を記入	立会者がいれば氏名も記入	検査ごとに数箇所
	85	A	高力ボルト	1次締め	部位，位置，使用ボルト（径，長さ），締付け機器および締付けトルク値を記入	立会者がいれば氏名も記入	検査ごとに数箇所
	86	A	高力ボルト	マーキング	部位，位置，使用ボルト（径，長さ）を記入	立会者がいれば氏名も記入	検査ごとに数箇所
	87	A	高力ボルト	本締め	部位，位置，使用ボルト（径，長さ），締付け機器	①共回り，または回転量がほかと著しく違う場合には交換する ②立会者がいれば氏名も記入	検査ごとに数箇所
	88	AA	現場溶接	開先状況確認	位置，部位，開先角度，目違いを図で記入	立会者がいれば氏名も記入	検査ごとに数箇所
	89	B	現場溶接	溶接準備	溶接機の電流，電圧等のチェック結果を記入	立会者がいれば氏名も記入	種類別に数箇所
	90	B	現場溶接	現場溶接状況	位置，部位，溶接方法，開先形状，使用溶接棒を記入	立会者がいれば氏名も記入	種類別に数箇所
	91	A	現場溶接	超音波探傷試験	位置，部位，探傷方法，試験技術機関名および氏名を記入	立会者がいれば氏名も記入	数枚
上階鉄筋工事	92	AA	柱配筋組立	柱配筋	柱符号，位置，断面寸法，X方向・Y方向主筋の径，本数，および帯筋の径間隔を記入	①帯筋のリボンテープの数値が読み取れる距離で，マグネットを用いて撮影 ②電気のボックス等によるSTPのずれに注意 ③スペーサーを付ける ④定着長さの確認をする	工区別に柱符号ごと数箇所
	93	AA	壁配筋組立	壁配筋	壁符号，位置，断面寸法，縦横のピッチを記入	①帯筋のリボンテープの数値が読み取れる距離で，マグネットを用いて撮影 ②電気のボックス等によるSTPのずれに注意 ③スペーサーを付ける	階別，工区別に符号ごと数箇所
	94	AA	壁配筋組立	壁開口補強	壁の位置，開口の大きさ，補強筋の径，本数，長さを記入	帯筋のリボンテープの数値が読み取れる距離で，マグネットを用いて撮影	階別，工区別に符号ごと数箇所
	95	AA	壁配筋組立	壁貫通孔補強	壁の位置，貫通孔の径，補強筋の径，本数，長さを記入	帯筋のリボンテープの数値が読み取れる距離で，マグネットを用いて撮影	階別，工区別に符号ごと数箇所

工種	No.	重要度	撮影対象	黒板のタイトル	撮影時の黒板記入事項	撮影上の留意点	数量・頻度
上階鉄筋工事	96	AA	梁配筋組立	大梁配筋	梁符号，位置，断面寸法，上下主筋の径，本数，および帯筋の径間隔，あばら筋のピッチを記入	①中央，端部の位置の間違いに注意 ②下主筋が見えない場合が多い ③型枠施工前または落し込み前に撮影	階別，工区別に符号ごと数箇所
	97	AA	梁配筋	大梁主筋定着	位置，径，定着長さを記入	リボンテープが読み取れるように撮影	階別，工区別に符号ごと数箇所
	98	AA	梁配筋	小梁配筋	梁符号，位置，断面寸法，上下主筋の径，本数，および帯筋の径間隔，あばら筋のピッチを記入	①中央，端部位置の間違いに注意 ②下主筋が見えない場合が多い ③型枠施工前または落し込み前に撮影	階別，工区別に符号ごと数箇所
	99	AA	梁配筋	小梁主筋定着	位置，径，定着長さを記入	リボンテープが読み取れるように撮影	階別，工区別に符号ごと数箇所
	100	AA	梁配筋	梁貫通孔補強	壁の位置，貫通孔の径，補強筋の径，本数，長さを記入	帯筋のリボンテープの数値が読み取れる距離で，マグネットを用いて撮影	階別，工区別に管径ごと数箇所
	101	AA	床版配筋	床版配筋	配筋符号別に径，長辺短辺，上下のピッチを記入	①色付きマグネットで識別できるように色を変えて表示 ②リボンテープが読み取れる位置で撮影 ③定着長さの確認をする ④継手長さの確認をする	階別，工区別に符号ごと数箇所
	102	B	床版配筋	スペーサー	床版厚，下部スペーサーの高さを図示し記入	①図示により上部のかぶり厚さもわかるようにする ②スタッフの寸法が見えるように撮る	階別，工区別に符号ごと数箇所
	103	A	床版配筋	床版開口補強	位置，開口部の大きさ，補強筋の本数，径，長さを記入	リボンテープが読み取れるように撮影	階別，工区別に開口の大きさごと
	104	A	床版配筋	屋根床版出隅部補強	位置，部位，補強筋の本数，径，長さを記入	リボンテープが読み取れるように撮影	階別に補強種別ごと
上階型枠工事	105	B	型枠建込み	建入れ検査	測定部位，測定結果を記入	下げ振りを使用し，上下の寸法を記入すると精度がわかる	検査場所ごと
	106	B	型枠建込み	通り検査	測定部位，測定結果を記入	ピアノ線の位置をわかりやすくするためにテープ等を巻く	検査場所ごと
上階コンクリート工事	107	B	打込み前養生	鉄筋養生	鉄筋養生	養生状況の全体と個別を撮影	柱，壁筋ごと数箇所
	108	A	打込み前養生	散水状況	散水状況	作業全体がわかるように撮影	打込み日ごと
	109	AA	コンクリート打設	受入れ検査	スランプ，空気量，フロー値，コンクリート温度，塩化物量，呼び強度，指定スランプ，粗骨材の最大寸法，テストピース採取本数，コンクリート打設箇所	記載事項が多く，黒板の文字が読めないことが多いので，近くから撮る	検査単位ごと
	110	B	コンクリート打設	打設状況	基礎，地中梁コンクリート打設状況	打設機器がわかるように撮影	打込み日ごと数箇所
	111	B	コンクリート打設	締固め	締固め位置，部位を記入	締固め用機器の配置状況が確認できるように撮影	打込み日ごと数箇所
	112	B	コンクリート打設	タンピング状況	タンピング位置を記入	タンピングの状況がわかるように撮影する	打込み日ごと数箇所

工種	No.	重要度	撮影対象	黒板のタイトル	撮影時の黒板記入事項	撮影上の留意点	数量・頻度
上階コンクリート工事	113	B	コンクリート打設	こて押え	1回目，2回目を記入	こて仕上げ箇所部位，こて仕上げ工程，および撮影時の工程を記入	打込み日ごと数箇所
	114	B	コンクリート打設	打継ぎ	処理位置，方法を記入	打継ぎ面がわかるように撮影する	打込み日ごと数箇所
	115	AA	コンクリート強度試験	テストピース養生	現場水中養生，封かん養生別を記入	養生設備がわかるように撮る	打込み日ごと
	116	B	打設後の養生	散水養生	打設箇所	養生状況を撮影する	打込み日ごと
	117	B	出来形	コンクリートの出来形検査	測定場所，位置，コンクリート寸法の設計値，実測値を記入	①仕様にある場合には撮影する ②監理者が立ち会う場合には氏名を記入 ③個別の作業場所と全体の完了状況を撮る	工区別に検査場所ごと各符号別に2〜3箇所
	118	A	コーン処理	コーン穴埋め処理	位置，方法，穴埋め材料を記入	①Pコンを使用する場合 ②監理者が立ち会う場合には氏名を記入 ③個別の作業場所と全体の完了状況を撮る	階別，工区別に数枚
	119	A	型枠締付け用金物の頭処理	錆止め処理	位置，方法，錆止め材料を記入	①セパを使用する場合 ②監理者が立ち会う場合には氏名を記入 ③個別の作業場所と全体の完了状況を撮る	階別，工区別に数枚
耐火被覆工事	120	AA	耐火被覆吹付け	耐火被覆吹付け状況	位置，部位，仕様（工法，厚み）を記入	全体のわかる写真	階別，部位別に数枚
	121	AA	耐火被覆吹付け	こて押え状況	位置，部位，仕様（工法，厚み）を記入	作業中および作業終了後の写真	階別，部位別に数枚
	122	B	耐火被覆吹付け	引張り試験	位置，部位，仕様（工法，厚み）を記入	仕様にあれば撮影	試験ごと
	123	AA	耐火被覆吹付け	厚さ確認ピン	位置，部位，厚さ別の専用ピンを当てて撮影	前もって専用ピンの色別の長さを，スケールが見えるように撮影しておく	試験ごと
ブロック工事	124	B	コンクリートブロック	材料搬入	規格，種類，厚さを記入	ブロックの刻印がわかるように撮影	搬入ごと
	125	AA	コンクリートブロック	主筋組立	位置，径，主筋ピッチを記入	定着長さも忘れずに撮影	階別，種類別に数箇所
	126	B	コンクリートブロック	ブロック積み	位置，部屋名，高さを記入	おもに配力筋の継手状況，横筋および縦筋の位置・間隔がわかる写真とする	階別，種類別に数箇所
	127	AA	コンクリートブロック	主筋溶接	位置，径，溶接長さを記入	溶接長さがわかる写真	階別，種類別に数箇所
	128	B	コンクリートブロック	目地押え	位置を記入	目地の状況がわかる写真で，隠ぺい部を特に忘れないこと	階別，種類別に数箇所

5章

内装工事の写真の撮り方

建具工事
どーも 藤川です 今日予定のスチールドアの枠 取付け完了したんで帰ります
あ 疲れさんでした じゃあまた!
おいおい ちょっと待てよ 加納くん
ドタン
は?
現場で確認しなくっていいのか? まずいところがあったらどうするんだ?
!
ちょっ ちょっと待って 藤川さん 一緒にもう一度現場へ!
ガチャ
ゴド
ドドタタ
デッ
えーと 建入れ測定状況は確認して写真も撮ったし
あとは完了の点検だな 今日取り付けたのは10箇所…
えーっと アンカーのピッチは…
あれ?
この建具アンカーのピッチが900㎜もあるよ 溶接部分には錆止めが塗ってないし…
これじゃ写真撮れないじゃない!
あれま… すぐ直します
でも道具片付けちゃったしかったるいなァ… やってる時に確認してよ
ぶつぶつ
ひぇ~ 危なかった… きちんとタイミングよく確認に回らないといけないなァ

工事写真帳 16　建具工事 編

鋼製建具工事で，特に注意することは，枠の取付けです。下枠（沓ずり等）の裏面など，あとでモルタルの充てんが不可能な部分については，破損や発音防止の目的で，取付け前にモルタルを充てんしておかなければなりません。建具は竣工後に不具合を生じる場合が多いところです。製品自体の加工組立が正確にできていることはもちろんのこと，取付け施工が正確であることが重要です。

また，気象条件に対応した工夫がなされている鋼製建具に比べて，木製建具は開閉がスムーズに行われることが第一の条件です。開き戸については，戸を吊り込み，所定の金物を付けたあと，開閉具合を確認し，錠は無理なく作動するか，必要以上に緩みやがたつきがないかどうか，引き戸については，溝に入っている部分の厚さが小さすぎないか，下部の溝への引き建具のかかりが少なくないかを確認しましょう。

No. 1　サッシ取付け状況

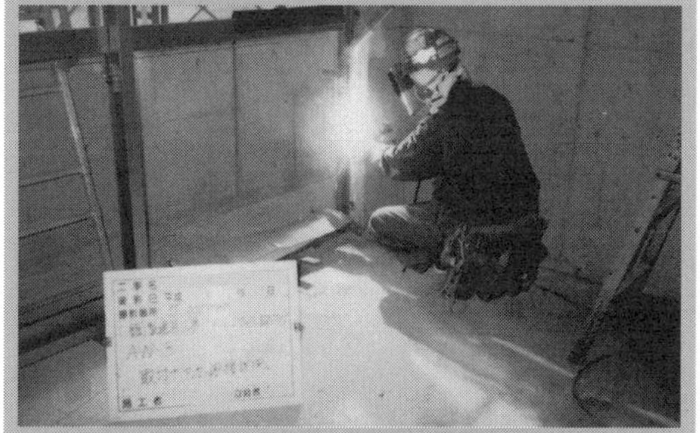

ポイント：黒板に取付け位置，建具記号を記入し撮影する。

鋼製建具工事
サッシ取付け状況
3階　AW-3

No. 2　アンカーピッチ

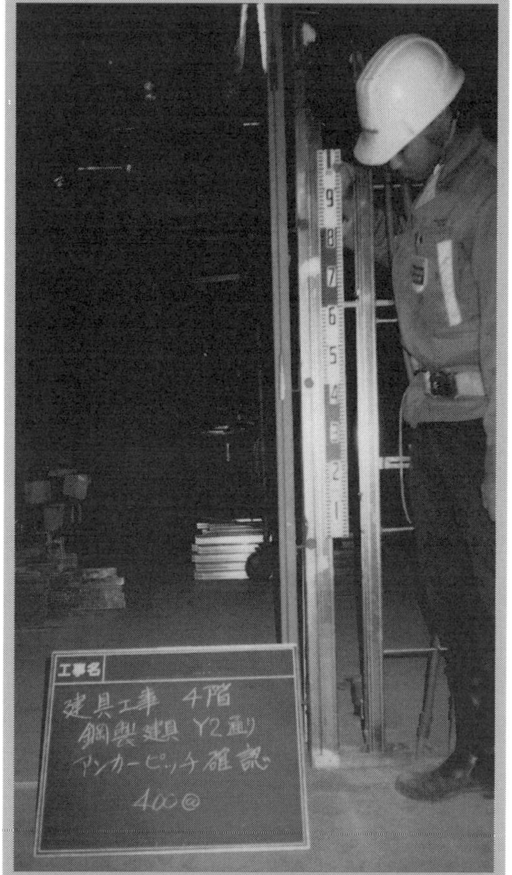

ポイント：黒板に取付け位置を記入し，リボンテープをあててアンカーピッチがわかるように撮影する。錆止めも塗布する。

鋼製建具工事
4階　SD-1
アンカーピッチ：
400mm

No. 3　建入れ測定状況

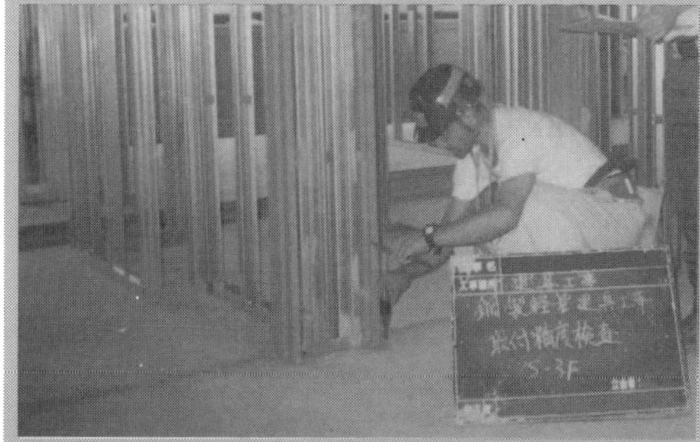

ポイント：下げ振りを下げ，スケールをあてて確認している状況をスケールの文字が読めるところまで近寄って撮影する。

鋼製建具工事
4階　SD-2
測定値：50mm

木工事
あっ 休憩中か… 仕上材の荷揚げは 済んだんだな
すいませーん 休憩中 悪いんですけど ちょっと お願い できますか？
あいよ 写真かい？
ギュ
内装材料の 検収写真の撮影を 始めた……が ちょっと待てよ 加納くん！ そんなんでいいのかい？
カシャ
カシャ
はいOK！
なんか カンが いろいろ あるなァ
ええい まとめて 撮っちゃえ!!
習熟効果って やつか 躯体工事で 苦労したかいが あったってもんよ

お疲れさん!!
う～
ハラヘッタ
おれも手いっぱいで任せっぱなしだったけど…どうだい?
木工事の材料検収は済んだか?
もちろんですよ!
材料が搬入されたらまず検収!もうばっちり!!
…そう言えば木工事なのにペンキの缶みたいなものがありましたけど…
防腐剤だろ
コンクリートと接する木材が腐らないように塗布するんだ
これも規格通りのものかどうかチェックして写真を…撮っ……!
たんだよな?

撮ってないのか!?
チャ・・・
ふーやれやれ
おう どうしたんだ 二人とも
…ということは搬入材の含水率も測定してない…のか?
コクリ
最初はみ〜んな新人だよ
めげるな若者!
相田さん……

工事写真帳 17　木工事 編

木工事における写真撮影の項目で必要なものは，①木材の材料検収状況，②含水率の測定状況，③防腐剤，④床組・壁組・天井組の施工状況です。特に木材の検査では，設計図書に基づいて拾い出した製材の樹種や寸法，数量の確認は必ず行う必要があります。また，造作材の含水率も仕様書や特記仕様書に規定されている場合があるので注意しましょう。

以下に，木工事における重要項目をまとめましたので，工事写真を撮る際のポイントとして確認しておきましょう。

含水率の測定方法のポイント

1 測定機器

測定は，電気式含水率計または高周波水分計等を使って行う。

2 測定箇所

①柱類は，柱長さ方向の中央部の四材面
②敷居，鴨居，長押，床板，内装壁材は，材長さ方向の中央部の二材面
①，②とも，節・腐れ等の欠陥部分および背割りや著しい乾燥割れの部分は避ける。

3 判定方法

四材面で測定するものは四材面の，二材面で測定するものは二材面の平均値を，その材の含水率とする。

内装仕上げの下地材取付けのポイント

工事写真撮影前の確認事項

①下地の形状・寸法の確認
②下地の不陸，目違い，突起等の凹凸部の処理の確認
③下地の剛性と強度の確認
④枠類の取付け位置の確認（必ず下げ振りを使用し，開口部の内法寸法方向と壁，額縁付き方向の垂直精度に注意する）

防腐処理のポイント

防腐剤の塗布面

敷土台および脚固めでコンクリートに面する部分に行う。ただし，ほかの塗装を行う部分，仕上げに支障となる部分，接着剤を使用する部分，配管用塩ビ管の接する部分を除く。また，塗装面は設計図書，仕様書で確認する。

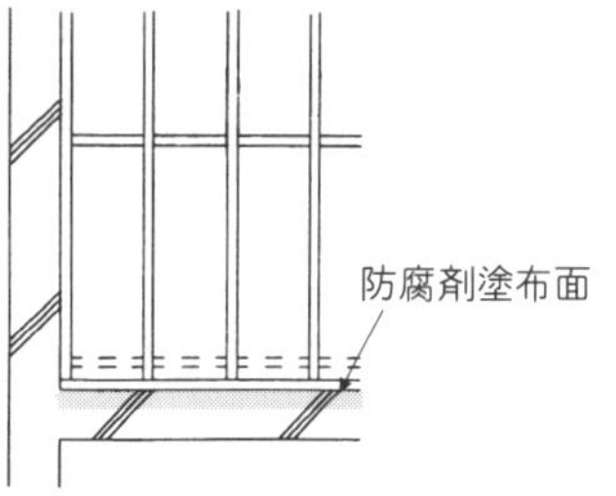

木間仕切り立面図

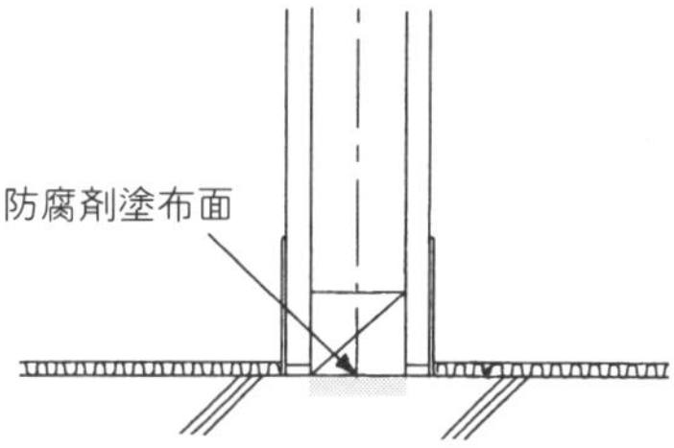

木間仕切り断面詳細図

No. 1　材料の検収状況

ポイント

黒板には，木材の規格，等級，寸法，使用部位を記入して撮影する。

木工事
壁材料検収
2階　タイプA
寸法　40×30

No. 2　含水率の測定状況

ポイント

黒板には，測定機器名，計測値，許容範囲を記入し，実際に測定している係員，部材がわかるように撮影する。

木工事
含水率測定
高周波水分計
許容範囲：20%以下
測定値：15%

No. 3　防腐剤

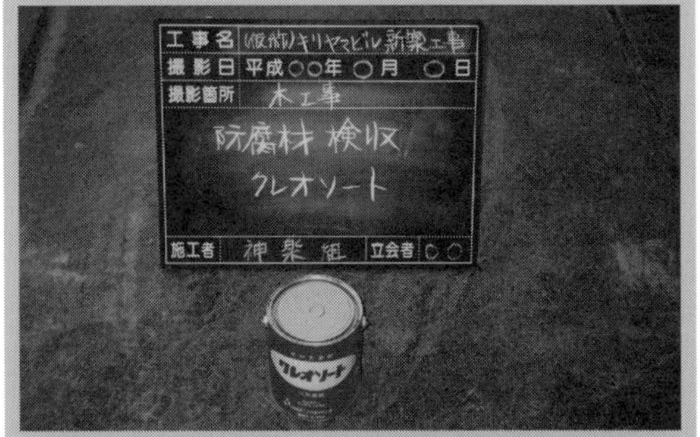

ポイント

黒板には，使用場所，品名，JIS規格を記入し，品名が読める位置で撮影する。

木工事
材料検収
防腐剤（クレオソート）

No. 4　施工状況（壁下地組）

ポイント

黒板には，施工部位，間隔，部材の寸法を記入して撮影する。

木工事
壁下地
3階　タイプA
寸法　40×30
@300

注）床組の施工状況の撮影では，施工部位，大引き，根太の樹種名，間隔，胴縁の間隔，部材の寸法を黒板に記入して撮影する。

加納くんは撮影した軽量鉄骨下地組の工事写真を並べてなにやら独り言…
金属工事
これが材料を検収した時の写真
「スタッド」「ランナー」「補強材料」そしてこれが「補強材取付け金物」…
ちゃんとJIS規格やロールマーク、種類もわかるようになっているな…
きれいに撮れているよォ

えー こちらが施工状況写真でございます
「壁スタッドの間隔」「振止め間隔」ははっきりわかりますし
上に張るボードが一重張りか二重張りかも明記されております
「出入口回りの補強状況」も黒板に補強状況を書いて撮影箇所もはっきり確認できまーす

工事写真帳 18　金属工事 編 〈軽量鉄骨下地〉

壁下地に使用する材料は，JIS G 3302（亜鉛鉄板），またはこれと同等以上の品質のものを使用します。下地材料の部材別種類は，下表のとおりです。搬入された材料を確認のうえ撮影しましょう。

表 1 壁下地材に使用する材料の種類（例）（引用＊4）　（JASS 26）

部材 ＼ 種類	スタッド		ランナー		振止め	
	記号	寸法	記号	寸法	記号	寸法
50形	WS-50	50×45×0.8	WR-50	52×40×0.8	WB-19	19×10×1.2
65形	WS-65	65×45×0.8	WR-65	67×40×0.8	WB-25	25×10×1.2
75形	WS-75	75×45×0.8	WR-75	77×40×0.8		
90形	WS-90	90×45×0.8	WR-90	92×40×0.8		
100形	WS-100	100×45×0.8	WR-100	102×40×0.8		

（単位：mm）

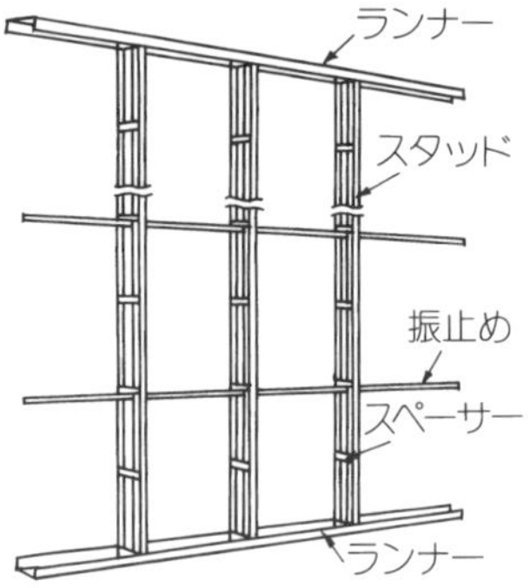

図 1 軽量鉄骨下地の各部名称
（引用＊5）

No. 1 建入れ確認状況

ポイント 下げ振りを下げ，スケールをあてて確認している状況を，スケールの文字が読みとれる位置まで近寄って撮影。

金属工事
軽量鉄骨下地建入れ確認
3 階
計測値：50

No. 2 壁スタッド間隔

ポイント 黒板には，撮影場所を記入し，寸法の確認ができるよう，リボンテープを使用して撮影する。

金属工事
軽量鉄骨下地スタッドピッチ確認
3 階
実測値：@303

No. 3 壁の振止め間隔

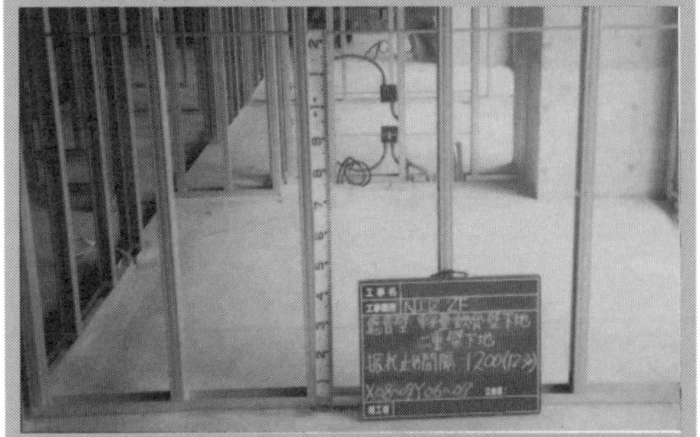

ポイント 黒板には，撮影場所を記入し，寸法の確認ができるよう，リボンテープを使用して撮影する。

金属工事
軽量鉄骨下地
振止め間隔
設計値：1,200
実測値：1,230

No. 4 出入口回りの補強状況

ポイント 黒板には，補強状況を図示し，黒板の内容と施工状況が確認できる距離まで近づいて撮影する。

金属工事
開口部補強
開口部補強アングル
L-30×30×3

やってるな！
どうだい元気で頑張ってるかい？
あっ…
部長お疲れさまですおかげさまでなんとか…
所長！これ見て下さい
ようやくポイントを押さえた写真が撮れるようになりました今整理していたところです
ほほう軽鉄下地組の写真か
うん…なかなかよくわかってきたじゃな……!?
ん…？補強材を溶接した部分に錆止めが塗ってないぞ!!
サッシの取付けは明日からだし今なら作業員も帰ってないからすぐ手直しをしてもらって写真を撮り直してきなさい
はっ…はい！
こんなんばっか！
ん〜まだまだ見落としが多いなァ

解説コーナー

Q　軽量鉄骨を用いた壁下地の施工で，特に注意しなければならないことは何ですか？

あらゆる工種において，正しい施工の知識を身に付けておくことは，工事写真の撮影において大変役に立ちます。ここでは，軽量鉄骨の壁下地の施工で注意しなければならないことを説明します。図1は，軽量鉄骨の壁下地の施工手順を示したものです。

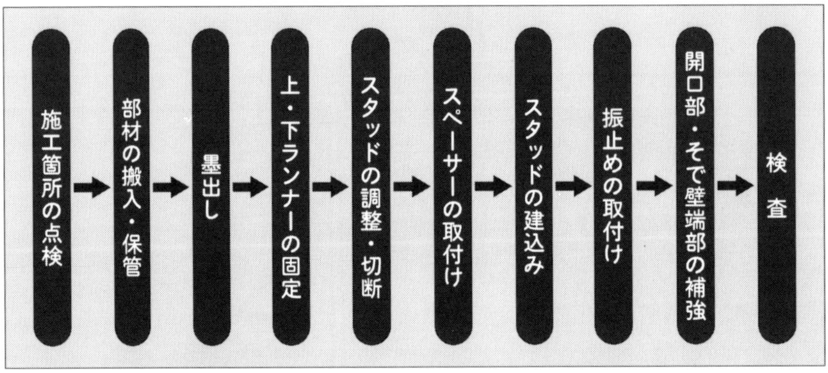

図1 軽量鉄骨を用いた壁下地の施工手順

●施工上の注意点

①ランナー端部の固定

ランナー端部の固定は，打込みピン，タッピングねじ，ボルト等で端部より約50 mm 内側を固定する。また，継手は突付けとし，ともに端部は約50 mm 内側を固定する。

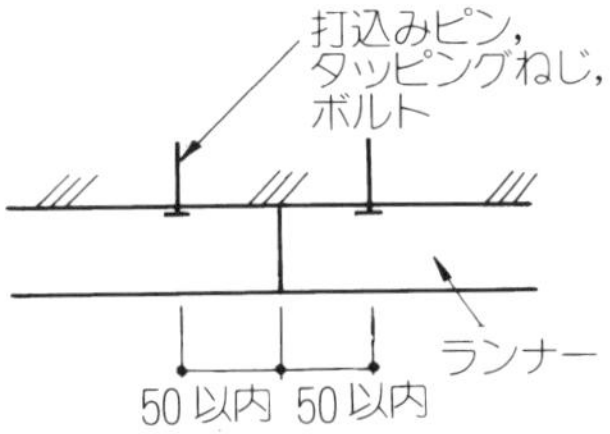

図1 ランナーの継手(①)

②スタッドの切断および建込み

スタッドはねじれのないものとし，間仕切り壁の高さ（長さ）に合わせ切断する。上部ランナーとスタッド天端との開きは10mm以下とする。また，振止め（胴縁）が水平に通るよう，振止め用のスタッド貫通孔が正しい位置にそろうように調節を行う。

③スペーサー

スタッド両端のスペーサーは建込み後，上下のランナーの近くにセットする。また，振止め部分のスペーサーは，振止めを取り付けたあと，振止めの固定を兼ねしっかりと固定をする。

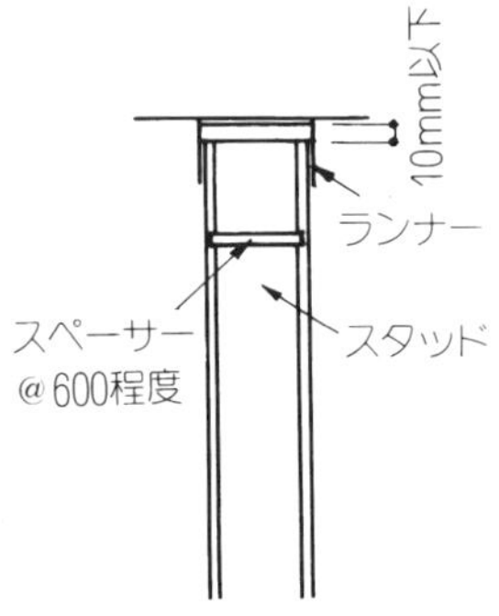

図2 スタッドの取付け
(②，③)

④スタッドの建入れ精度

ボードはスタッドに直接タッピングねじ等で取り付けるため，スタッドの建入れ，間隔精度ともに ±5 mm 程度とする。

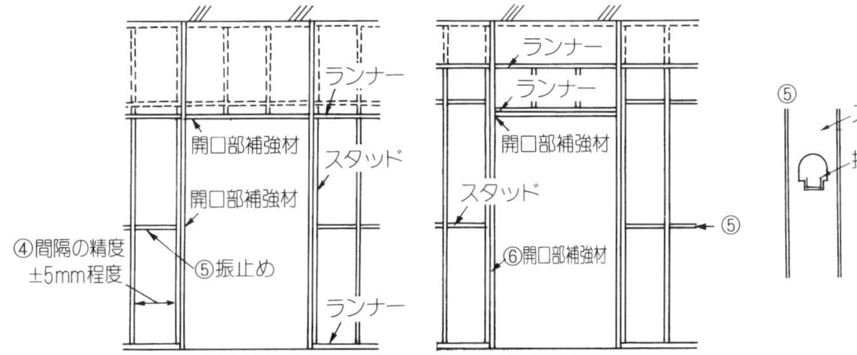

図 3 軽量鉄骨を用いた壁下地の施工例（引用＊6）
注）図中の○数字は下記の解説内容を示す。

⑤振止め

振止めは，下部ランナーより1,200 mm ピッチごとに設ける。また，上部ランナーから400 mm 以内に振止めがくる場合には，その振止めを省略することができる。振止めの取り付けは，フランジを上向きにし，スタッドの貫通孔に引き通しスタッドと振止めが一体となるよう，スペーサーで固定する。また，設備の配管，ボックス等で振止めを切断する場合は，振止めと同材もしくはボルト（9ϕ以上）で補強を行う。

⑥開口補強

65形，75形で補強材の長さが3,700 mm を超える場合には，同材で2本抱き合わせ，上下端部および600 mm ピッチ程度で溶接し補強を行う。上部ランナーが途中，軽量天井下地に取り付く場合でも，垂直方向の補強材は上部の梁およびスラブ下まで達し固定する必要がある。その際，階高が大きい場合には，補強材を受けるための鉄骨梁等を設け固定させることが必要である。

出入口の開口幅は2,000 mm 程度とし，開口幅がそれより大きい場合や，重量物が付く場合は強度計算を行い，補強方法を検討する必要がある。

⑦そで壁端部の補強

そで壁端部の補強は，上記⑥の垂直方向補強と同じ方法で補強を行う。

⑧設備開口等の小さな開口補強

ダクト等の小さな開口補強については，水平方向の補強材に垂直方向の補強材を溶接等で固定する。また，強度を要する場合には，開口補強取付け金物（アングル）を使用し開口補強を行うとともに，開口回りの部材はダクトに接触して，振動が伝わらないようにすることが大切である。

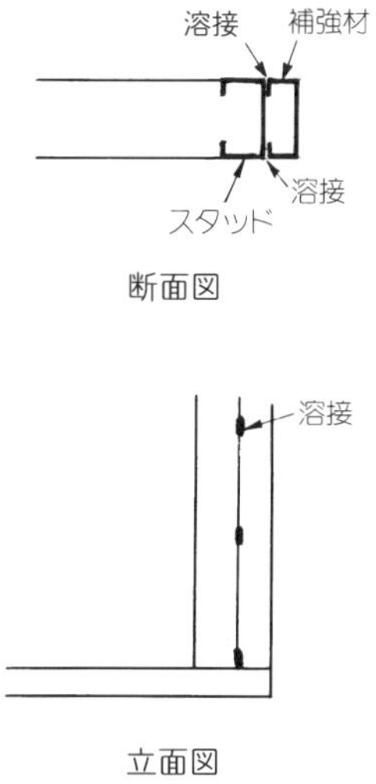

図 4 そで壁端部の補強（⑦）

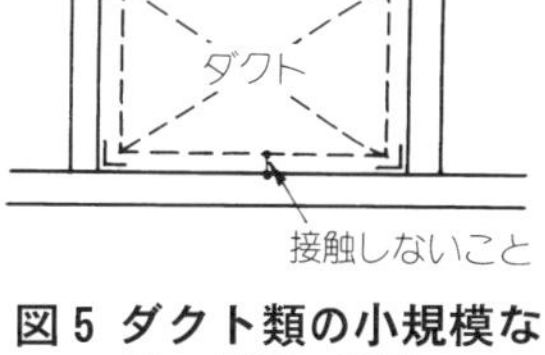

図 5 ダクト類の小規模な開口補強（⑧）

ビニル床シート張りの材料が搬入されたので加納くんはさっそく材料の検収を行い写真を撮っている……ビニル床シートの写真を撮り終え接着剤の缶を見ながら首をひねっているが
内装工事
賀天さん!! この接着剤は酢酸ビニル系接着剤じゃないですか!
ここは湿気の影響が大きいからエポキシ樹脂系じゃないとだめだって言っておいたはずですけど…
あれま!?
これは使えないよ
せっかく写真撮ろうと思っていたのに
すいません! 大至急入れ替えます

解説コーナー

Q 床張りに使用される接着剤は，施工箇所によって使用の方法が異なると聞きましたが，本当ですか？

床タイルに使用される接着剤は，JIS A 5536（ビニル床タイル・ビニル床シート用接着剤）に適合したものであれば使用は可能ですが，床タイルの種類や施工箇所によって，製造業者の指定するものを採用しなければなりません。つまり，同じ種類の床タイルであっても，施工箇所が通常の水平面で使用するものなのか，湿気の多い所での使用なのか，垂直面で使用するものなのかによって異なるというわけです。

また，床タイルを張る前には，下地の点検も必ず行いましょう。下地に不陸および傷がある場合には，くぼみにポリマーセメントモルタルや樹脂モルタル等を塗り，突起物がある場合にはグラインダーやサンダー掛けを行い，平らに仕上げます。下地に塵埃，モルタル，油類，錆等が付着している場合には，適切な方法で除去します。建具，建具金物，設備機器等の取扱いに支障のある場合には，納まり上問題とならないよう補修を行います。いずれの場合も，下地が十分乾燥している状態での施工が前提となります。

表 1 床タイルの種類と接着剤の使用方法（引用＊7）　(JASS 26)

種類＼工法	一般工法	耐湿工法	垂直面工法
①ホモジニアスビニル床タイル	酢ビ系溶剤形	エポキシ系	酢ビ系溶剤形
②ピュアビニル床タイル	エポキシ系	エポキシ系	ニトリルゴム系溶剤形
③コンポジションビニル（半硬質）	SBR系 酢ビ系溶剤形	エポキシ系	酢ビ系溶剤形
④床タイル（軟質）	SBR系 酢ビ系溶剤形	エポキシ系	酢ビ系溶剤形
⑤耐酸床タイル	エポキシ系	エポキシ系	クロロプレンゴム系溶剤形
⑥耐油床タイル	エポキシ系	エポキシ系	クロロプレンゴム系溶剤形
⑦帯電防止ビニル床タイル	エポキシ系 酢ビ系溶剤形	エポキシ系	クロロプレンゴム系溶剤形 酢ビ系溶剤形
⑧導電性ビニル床タイル	導電性エポキシ系 アクリル系エマルジョン形	エポキシ系	クロロプレンゴム系溶剤形
⑨放射線防護床タイル	SBR系 酢ビ系溶剤形	エポキシ系	酢ビ系溶剤形
⑩蛍光誘導床タイル	酢ビ系溶剤形	エポキシ系	酢ビ系溶剤形
⑪視覚障害者用床タイル	クロロプレンゴム系溶剤形 ニトリルゴム系溶剤形 エポキシ系 ブチルゴム系感圧形	特殊エポキシ系	ニトリルゴム系溶剤形
⑫ゴムタイル	クロロプレンゴム系溶剤形	エポキシ系	クロロプレンゴム系溶剤形
⑬レジンテラゾー	クロロプレンゴム系溶剤形	エポキシ系	クロロプレンゴム系溶剤形
⑭コルクタイル	クロロプレンゴム系溶剤形 酢ビ系溶剤形	エポキシ系	クロロプレンゴム系溶剤形（両面）
⑮リノリウムタイル	酢ビ系溶剤形	エポキシ系	ニトリルゴム系溶剤形

本木　現場の進行状況はいかがですか？ 今日は現場を見る前に,内装工事関連の工事写真を見せていただこうかと思いまして…

坂井　はい。現在外部は外装タイル張り，内部は6階の木工事が進行中で，後追いでボード張りが入っています。
加納くん，写真を持ってきてくれ。

工事写真帳をくまなく見る本木さん
こっちまで緊張するよ…

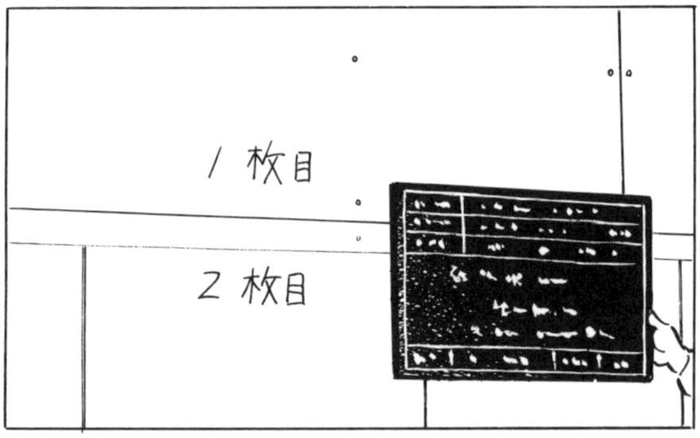

本木　えーと，ボードの材料検収写真ですが，JIS等の認定の表示がわかりにくいですね。
それからこの壁ボード張りの写真，遮音壁なのにグラスウールを充てんした状況の写真がありませんよ。
それと，この壁下地張り施工状況写真では，止め付けビスのピッチのスケールが当ててないのでわかりにくいし…

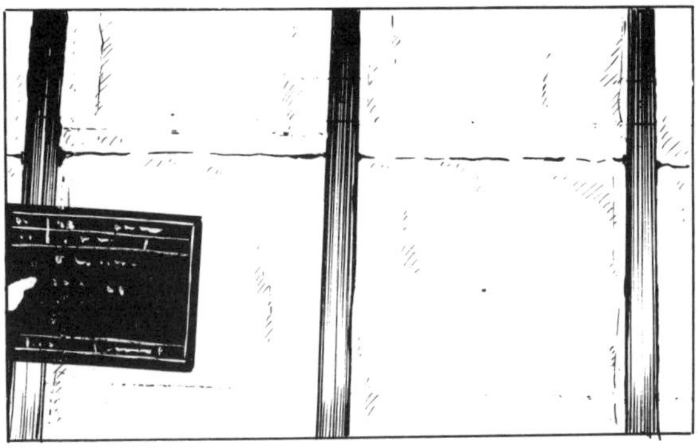

坂井　そっ，そうですね…ボード材は仕様書通りのものを使用しておりますし，遮音壁のグラスウール充てんも行っております。ですが，工事写真として残っていないのはまずいのでもう一度写真を撮り直しておきます。

工事写真帳 19 内装工事 編〈石こうボード〉

表1 石こうボードの止付け方法 (JASS 26)

<table>
<tr><th rowspan="2">下　地</th><th rowspan="2">部位</th><th rowspan="2">取付け方法</th><th colspan="3">止付け間隔</th></tr>
<tr><th>周辺部</th><th colspan="2">中間部</th></tr>
<tr><td rowspan="4">木　製</td><td rowspan="2">壁</td><td>釘，ねじ</td><td>100〜150</td><td colspan="2">150〜200</td></tr>
<tr><td>釘，ねじ，接着剤併用</td><td colspan="3">350〜400</td></tr>
<tr><td rowspan="2">天井</td><td>釘，ねじ</td><td>90〜120</td><td colspan="2">120〜150</td></tr>
<tr><td>釘，ねじ，接着剤併用</td><td colspan="3">250〜350</td></tr>
<tr><td rowspan="3">鋼　製</td><td rowspan="2">壁</td><td>タッピングねじ</td><td>200</td><td colspan="2">300</td></tr>
<tr><td>クリップ</td><td>縦 300</td><td colspan="2">横 225</td></tr>
<tr><td>天井</td><td>タッピングねじ</td><td>150</td><td colspan="2">200</td></tr>
<tr><td rowspan="3">コンクリート
ALC
コンクリートブロック</td><td rowspan="2">壁</td><td rowspan="3">接着剤
（直張り用接着剤）</td><td rowspan="2">150〜200</td><td>床上 1.2 m 以下</td><td>床上 1.2 m 以上</td></tr>
<tr><td>200〜250</td><td>250〜300</td></tr>
<tr><td>梁</td><td>100〜150</td><td colspan="2">200〜250</td></tr>
</table>

（単位：mm）

石こうボードの施工状況等の写真を撮る場合には，止付け方法（表1）と特殊な性能を必要とする室について，特に注意が必要です。

止付け方法では，釘やねじを使用する場合には位置，通り，間隔が正しいか，接着剤を使用する場合には被着材の含水率，振動や衝撃に対する防止方法が適切かを確認します。

また，遮音性や断熱性，防火性が要求される室の場合には，それぞれ指定の性能基準を満たしているかを確認のうえ，黒板には測定値を記入して撮影しましょう。

No. 1 材料検収

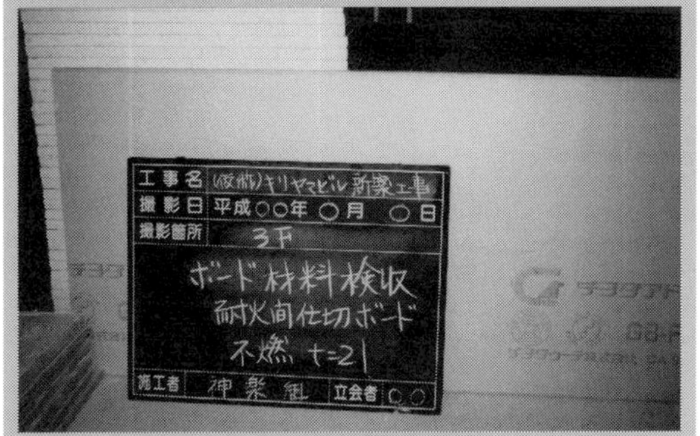

ポイント 黒板には，JIS規格，種類，厚さ，防火性能，品名を記入し，材料に付いているJISマーク，不燃または準不燃マークが読み取れるように撮影する。

No. 2 グラスウール充てん状況

ポイント 黒板には，規格，密度，厚さを記入し撮影する。

内装工事
1階間仕切り壁
グラスウール充てん状況
密度：24K/m³
厚さ：50mm

No. 3 ビス間隔測定状況

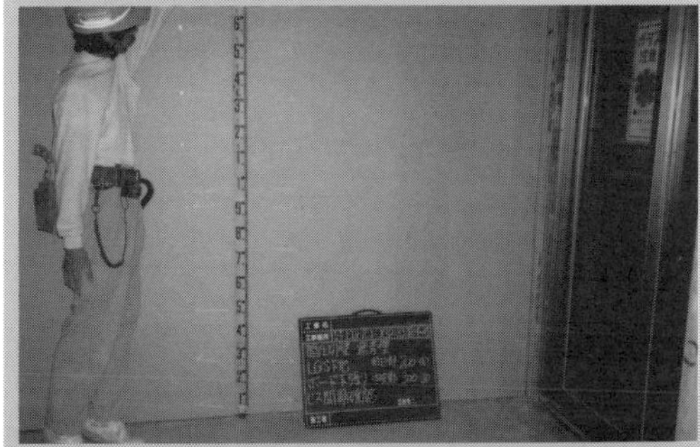

ポイント 仕上げに支障がない範囲で，見やすいようにチョーク等でマーキングし，リボンテープを当てて撮影する。

内装工事
3階間仕切り壁
ビス間隔測定
ボード端部：200mm
ボード中央部：300mm

今回指摘したようなことは所長はよくご存じで釈迦に説法かもしれませんが…
加納さんのこれからのためにひとこと言わせてもらってよろしいかしら?
! そうですかお願いします!!
ギュ
ボード張りは最終仕上げの一歩前の段階です
ボードを張ることによって隠れてしまう部分はその後に実際に目視・確認することは…?
できません……
そのために管理状況の写真があるわけで
例えば「壁の断熱材吹付け」「防火区画貫通部の処理」などといった箇所は隠れてしまう前に必ず写真を撮っておく必要があるんですね

今日は
いい勉強に
なったな
まだ張ってない
所がある
だろ
遮音壁は
一階部分にしか
ないから
撮ってこいよ
は…はい
加納くん!
ボード材は
まだ現場にあるから
今度は表示が
よく見えるようにな!!
はい!

豆知識

◆石こうボードの種類と概要◆

石こうボードは，使用部位ごとにそれぞれ適した種類があります。ここでは，石こうボードの種類とその特徴を解説しましょう。

表1 石こうボードの種類と特徴（引用＊8）

品種別	特徴	おもな使用部位（仕上げ）
石こうボード JIS A 6901 不燃 第1003号 準不燃 第2015号	①石こうボード製品の代表で，「平ボード」「普通ボード」ともいう。 ②石こうボードやラスボード・孔あきボードの原板としても使用される。	内壁および天井下地，防火・耐火・遮音構造用（ペンキ，壁紙等）
シージング石こうボード（防水石こうボード） JIS A 6901 準不燃 第2018号	両面の紙と石こうの芯に防水処理を施したもので，普通石こうボードが使えない多湿な場所や水回りの下地に使う。	外壁・屋根・浴室下地（銅板，スレート，タイル等）
無機質繊維強化石こうボード（強化ボード） JIS A 6901 準不燃 第1008号	無機質繊維と石こうを芯材とした，防火性の高い製品。	耐火・防火・遮音構造用（ペンキ，壁紙等）
化粧石こうボード JIS A 6901 不燃 第1007号 準不燃 第2016号	普通品（表面厚紙にあらかじめプリントしたもの）と，特殊品（普通石こうボードに化粧加工した紙やプラスチックシートを張り合わせたもの）とがある。	内壁・間仕切り・天井仕上げ（仕上げ処理不用）
吸音用孔あき石こうボード（吸音石こうボード） JIS A 6301 準不燃 第2019号	平ボードに吸音用の孔をほぼ均等に裏面まで貫通してあけたもので，不燃性シート等で裏張りしたものと，裏張りしないものとがある。	天井仕上げ（ペンキ塗装等）
化粧石こう吸音ボード JIS A 6301 準不燃 第2014号	①平ボードに吸音用の孔をランダム，または等間隔に裏面まで貫通してあけたもので，不燃性シート等で裏張りしたものと，裏張りしないものとがある。 ②表面は化粧加工が施している。	天井仕上げ（仕上げ処理不用）
特殊石こう吸音ボード JIS A 6301 準不燃 第2017号	平ボードに吸音用の孔を24.0㎜ピッチに，ほぼ均等に裏面まで貫通してあけたもので，裏面にロックウールまたはフェルトグラスウールを張って仕上げる。	天井仕上げ（ペンキ塗装等）
不燃石こう積層板 JIS A 6901 不燃 第1004号	ボードの表紙に不燃性ボード用原紙を用いたもので，表面を化粧加工したものとしないものとがある。	内壁・間仕切り・天井仕上げ（仕上げ処理が必要なものと不要なものとがある）

不燃材料：通常の火災に対して①材料自体が燃えないこと，②火熱で有害な変形・溶融の起きないこと，③防火上有害な煙・ガスを発生しないものとして建設大臣が指定した材料。

準不燃材料：通常の火災に対して①材料自体がほとんど燃えないこと，②火熱のため防火上有害な煙・ガスを発生しないものとして建設大臣が指定した材料。

難燃材料：通常の火災に対して①火災初期の燃焼現象が少ないこと，②避難を妨げる発煙量も少なく，また有害なガスが発生しないものとして建設大臣が指定した材料。

撮影計画に役立つ工事写真272〈その4〉　ＡＡ：最も重要／Ａ：重要／Ｂ：必要

工種	No.	重要度	撮影対象	黒板のタイトル	撮影時の黒板記入事項	撮影上の留意点	数量・頻度
鋼製建具工事	129	B	鋼製建具	下枠モルタル詰め	施工完了状況	上部からある程度の数量がまとまった状態で撮影	符号別に数箇所
	130	A	鋼製建具シャッター	アンカーピッチ	仕様のピッチを記入	仕様以下のピッチとする	符号別に数箇所
	131	B	鋼製建具シャッター	建入れ測定状況	位置，測定値を記入	下部と全体が必要	符号別に数箇所
	132	B	鋼製建具シャッター	錆止め塗り	位置，使用材料を記入	①錆止めの必要な箇所 ②モルタル詰めの場合は不要	符号別に数箇所
左官工事	133	A	モルタル詰め	モルタル詰め	位置，使用材料（モルタル，混和剤）を記入	枠回りのモルタル詰め状況がわかるように撮影	符号別に数箇所
	134	A	モルタル塗り	材料搬入	セメント，混和剤の品名を記入		材料ごと
	135	AA	モルタル塗り	下塗り施工状況	内・外部の位置，厚みを記入	壁に記入した下塗りの施工日により，養生の日数を確認し撮影	一連の作業工程
	136	AA	モルタル塗り	中塗り施工状況	内・外部の位置，厚み，下塗りの乾燥期間を記入	壁に記入した中塗りの施工日により，養生の日数を確認し撮影	一連の作業工程
	137	AA	モルタル塗り	上塗り施工状況	内・外部の位置，厚み，中塗りの乾燥期間を記入		一連の作業工程
	138	A	仕上げ塗材仕上げ	材料搬入	規格名称，規格番号，種類，防火材料の認定の有無を記入	仕様書と照合する	材料ごと
	139	AA	仕上げ塗材仕上げ	施工状況	仕様工法，仕上がり，厚みおよび下塗り，中塗り，上塗りの工程を記入		一連の作業工程
木工事	140	A	材料	木材の検査状況	部材名称，樹種，形状，寸法，等級を記入	①木材の刻印や寸法のスタッフの数値が読めるように撮影 ②付属金物も撮影	搬入時
	141	AA	材料	含水率の測定状況	測定機器，計測値，規格値を記入	メーターの数値のわかる写真が必要	搬入時
	142	AA	材料	防腐剤	使用場所，品名，JIS規格を記入	品名が読める位置で撮影	搬入時
	143	A	施工状況	床組	部屋名，施工部位（大引き，根太，コンパネ敷き別），使用材料名，寸法，ピッチを記入	①大引き，根太，コンパネ敷きは黒板およびスケールを分けて撮影 ②防腐剤の施工部分も撮影	一連の作業工程
	144	A	施工状況	壁組	部屋名，施工部位（間柱や胴縁の間隔），使用材料名，部材寸法を記入	①土台，頭つなぎ，設備器具の補強等の部分詳細を撮影 ②土台の防腐剤の施工部分も撮影する	一連の作業工程
	145	A	施工状況	枠組	部屋名，使用材料，部材寸法，工程方法（ピッチ）を記入	仕様により，コンクリート面の防腐処理が必要な場合があるので注意	一連の作業工程
	146	A	施工状況	枠検査	部屋名，位置，枠寸法，枠幅と測定値を記入	下げ振りでの計測状況がわかるように撮影	一連の作業工程
	147	A	施工状況	天井組	部屋名，施工部位（吊り木，野縁受け，野縁の間隔），使用材料名，部材寸法を記入	①吊り木，野縁受け，野縁の間隔に注意 ②設備器具の補強等の部分詳細を撮影	一連の作業工程

工種	No.	重要度	撮影対象	黒板のタイトル	撮影時の黒板記入事項	撮影上の留意点	数量・頻度
金属工事	148	B	軽量鉄骨材料	材料搬入	用途別（内・外部），JISマーク，ロールマークを記入	付属金物，補強取付け金物の種類，サイズを撮影	材料ごと
	149	AA	軽量鉄骨天井下地	吊りボルト間隔	位置，ピッチを記入	補強が必要な場合には別途撮影	一連の作業工程
	150	AA	軽量鉄骨天井下地	野縁，Mバー間隔	位置，ピッチを記入	下張りの有無等，仕上材による施工方法を記入	一連の作業工程
	151	AA	軽量鉄骨天井下地	錆止め状況	位置，仕様材料を記入	吊りボルト，取付け等がわかるように撮影	一連の作業工程
	152	A	軽量鉄骨壁下地	壁スタッド間隔	位置，ピッチを記入	仕様どおりの材料・工法か，また溶接部の錆止めを確認し撮影	一連の作業工程
	153	A	軽量鉄骨壁下地	振止め間隔	位置，ピッチを記入	仕様どおりの材料・工法か，また溶接部の錆止めを確認し撮影	一連の作業工程
	154	A	軽量鉄骨壁下地	出入口回り補強状況	位置，使用材料，補強状況図を記入	仕様どおりの材料・工法か，また溶接部の錆止めを確認し撮影	一連の作業工程
	155	B	軽量鉄骨壁下地	建入れ確認状況	位置，測定値を記入	下部と全体が必要	一連の作業工程
	156	A	カーテンボックス	取付け状況	位置，使用材料，吊りピッチ，補強状況図を記入	①溶接部，補強部，および全体を撮影 ②錆止めが必要	一連の作業工程
	157	A	その他の金属工事	取付け状況	位置，使用材料，吊りピッチ，補強状況図を記入	①溶接部，補強部，鉄板下のボード張り補強の有無，および部分と全体を撮影 ②錆止めが必要	一連の作業工程
ガラス工事	158	B	材料	材料搬入	ガラスの種類，板厚，セッティングブロック，バックアップ材，シール材の品名を記入	そのほか使用材料（グレイジングガスケット等）があれば記入	搬入時
	159	A	材料	網入りガラスの錆止め処理	防錆材の品名，および施工法を記入	施工方法は図で示す	搬入時
	160	A	施工状況	施工状況	位置，種類，板厚，セッティングブロックの位置を略図で記入	セッティングブロックの設置状況は図で示す	材種および厚みごと
	161	B	ガラスブロック材料	材料搬入	ガラスブロックの品名，サイズ，付属品を記入	積みモルタル，化粧目地材の品名を記入し，施工時に撮影する	搬入時
	162	B	ガラスブロック材料	材料搬入	位置，ガラスブロックのサイズ，積みモルタル，化粧目地の配合を記入		材種および厚みごと
内装工事	163	A	天井，壁，ボード張り仕上げ	材料搬入	JIS規格，材料番号，種類，厚さ，防火性能，品名を記入	①防火性能が読めるように撮影する ②1枚および100枚程度の数量で撮影	搬入時
	164	A	天井ボード張り	接着剤	規格，種類，品名を記入	缶の表示がわかる位置で撮影	搬入時
	165	AA	天井ボード張り	下張り施工状況	室名，規格，種類，厚さ，防火性能，品名，ビス間隔を記入	ビスの位置がよくわかるように，チョーク等で色付けする	一連の作業工程
	166	A	天井ボード張り	上張りの施工状況	室名，規格，種類，厚さ，防火性能，品名，ビス間隔を記入	接着ステープル止付けの場合には，仕様の施工法およびピッチを記入	一連の作業工程
	167	AA	グラスウール充てん状況	グラスウール充てん状況	規格，密度，厚さを記入	①建具枠周囲の施工の忘れに注意する ②隠ぺい部分は忘れずに撮影	一連の作業工程

工種	No.	重要度	撮影対象	黒板のタイトル	撮影時の黒板記入事項	撮影上の留意点	数量・頻度
内装工事	168	AA	壁ボード張り	下張り施工状況	室名，規格，種類，厚さ，防火性能，品名，ビス間隔を記入	ビスの位置がよくわかるように，チョーク等で色付けする	一連の作業工程
	169	A	壁ボード張り	上張りの施工状況	室名，規格，種類，厚さ，防火性能，品名，ビス間隔を記入	接着ステープル止付けの場合には，仕様の施工法およびピッチを記入	一連の作業工程
	170	AA	壁ボード張り	遮音壁施工状況	室名，規格，種類，厚さ，遮音性能，品名，工法，ビス間隔を記入	下張りからの一連の手順がわかるように撮影	一連の作業工程
	171	AA	壁ボード張り	遮音壁施工状況	隙間を充てんするシーリングの種別および材種を記入	納まりを図で示す	一連の作業工程
	172	A	石こうボードの直張り工法	材料検収	GLボンドの品名，重量記入	缶の表示がわかる位置で撮影	一連の作業工程
	173	AA	石こうボードの直張り工法	GLボンドの間隔	室名，使用材料，間隔，厚みを記入	GLボンドの間隔を図で示す	一連の作業工程
	174	B	石こうボードの直張り工法	施工状況	室名，使用材料，計測値を記入	建入れ確認状況	一連の作業工程
	175	B	テーパーボードの目地処理	下塗りパテ	室名，使用材料の品名を記入	テープの端や小穴からはみでたものは，よくしごき押さえた状態で撮影	一連の作業工程
	176	B	テーパーボードの目地処理	ジョイントテープ張り	室名，使用材料の品名を記入	グラスメッシュテープを使用する場合には，ジョイントセメント塗りが必要	一連の作業工程
	177	B	テーパーボードの目地処理	中塗りパテ	室名，使用材料の品名を記入	幅は150㎜程度とし，ジョイントテープが隠れ，ボード面が平滑な状態で撮影	一連の作業工程
	178	B	テーパーボードの目地処理	上塗りパテ	室名，使用材料の品名を記入	①中塗りが乾燥してから撮影 ②幅200〜250㎜程度あることを確認	一連の作業工程
	179	B	テーパーボードの目地処理	研磨紙ずり	室名，使用材料の品名を記入	研磨状況が確認できるものを撮影	一連の作業工程
	180	A	吸音材	材料搬入	グラスウールの種類，厚さ，JIS規格，付属品を記入	品名がよく見えるように撮影	一連の作業工程
	181	B	吸音材	止付けピン施工状況	材料の種類，ピンの長さ，間隔を記入	スケールが見えるように撮影	一連の作業工程
	182	AA	吸音材	張付け状況	グラスウールの種類，厚さ，JIS規格，付属品を記入	めくれや破れのないことを確認	一連の作業工程
	183	A	下地	下地の乾燥状況	位置，計測部位，含水率測定値を記入	検査状況のほか，機械およびメーターの数値も撮影	一連の作業工程
	184	B	ビニル床タイル張り	材料検収	品名，種類，厚さを記入	①視覚障害者用タイル等の特殊機能床材は，仕様の適否に注意 ②接着剤も同時に分けて撮影	搬入時
	185	A	ビニル床タイル張り	接着剤塗布	品名，種類，使用場所を記入	①使用場所により樹脂系が違うのでよく確認する ②湿気，水回りはエポキシ系を使用するのが普通	一連の作業工程

工種	No.	重要度	撮影対象	黒板のタイトル	撮影時の黒板記入事項	撮影上の留意点	数量・頻度
内装工事	186	B	ビニル床タイル張り	張付け状況	品名，種類，使用場所，厚さを記入	施工時の床の清掃状態に注意し，櫛目ごて接着剤を隙間なく塗っている状態を撮影	一連の作業工程
	187	B	ビニル床シート張り	材料検収	品名，種類，厚さを記入	①帯電防止シート等の特殊機能床材は，仕様の適否に注意 ②接着剤も同時に分けて撮影	搬入時
	188	B	ビニル床シート張り	仮敷き状況	室名，品名，種類，厚さを記入	全体がわかるように撮影	一連の作業工程
	189	A	ビニル床シート張り	接着剤塗布状況	室名，品名，種類を記入	①使用場所により樹脂系が違うのでよく確認する ②湿気，水回りはエポキシ系を使用するのが普通	一連の作業工程
	190	B	ビニル床シート張り	張付け状況	室名，品名，種類を記入	施工時の床の清掃状態に注意し，櫛目ごて接着剤を隙間なく塗っている状態を撮影	一連の作業工程
	191	B	ビニル床シート張り	溶接状況	室名，品名，種類を記入	溝切り，溶接，余盛りの削り取りまであると溶接状況がよくわかる	一連の作業工程
	192	B	壁紙張り材料	クロス材料検収	品名，種類，厚さ，JIS規格を記入	クロス材は防火の認定表示を忘れずに撮影	搬入時
	193	B	壁紙張り材料	下地処理材料検収	室名，品名，種類を記入	下地処理材（シーラ，パテ，コーキング剤，防錆剤等）の品名を記入	一連の作業工程
	194	B	壁紙張り材料	接着剤	品名，種類，防カビの有無，JIS規格を記入	缶の文字が読める距離で撮影	一連の作業工程
	195	B	壁紙張り材料	施工状況	品名，種類，防カビの有無，JIS規格を記入	乾燥状況などの施工状況がよくわかるもの	一連の作業工程
	196	B	壁紙張り材料	防火認定ラベル	品名，種類，防カビの有無，JIS規格を記入	ラベルが読める距離で撮影	一連の作業工程
	197	B	じゅうたん敷き材料	カーペット材料検収	品名，種類，厚さ，JIS規格を記入	①帯電防止，防炎性能，パイル長さが特殊なものは記入 ②グリッパー止めの場合には，その材料も撮影	搬入時
	198	A	じゅうたん敷き材料	接着剤	品名，種類，JIS規格を記入	缶の文字が読める距離で撮影	一連の作業工程
	199	B	張付け	張付け状況	品名，種類，厚さ，工法，JIS規格を記入	施工時の床の清掃状態に注意し，櫛目ごて接着剤を隙間なく塗っている状態を撮影	一連の作業工程
	200	B	畳材料	カーペット材料検収	品名，種類，厚さ，JIS規格を記入	品質規格表示がわかるように撮影	一連の作業工程
	201	B	畳材料	施工状況	品名，種類，厚さ，JIS規格を記入	清掃状況および下地の不陸の補修状況が確認できるもの	一連の作業工程

6 章

外装工事の写真の撮り方

タイル工事
タイル割りは完璧だな？
はいバッチリ！芯墨も出してあるし
そうか伸縮目地も大丈夫だな
ええこれが写真ですけど…
ん？
何だコレ？ただの壁が写ってるだけじゃないか！
しっかりしてくれよ何を撮っているのかわからなきゃ意味ないじゃないか!!
下地の浮きのチェックをしているところだとかどこの部位だとか
撮り直してきまーす！
ふっ…デジカメならいいんだけどなァ…
むむっ！私のライバルデジタルカメラ…か
まちょっと紹介しよう次ページで

解説コーナー

Q 工事写真の撮影にデジタルカメラを使おうと思うのですが，撮影の方法や整理のしかたには，どのような特徴があるのですか？

デジタルカメラの特徴は，普通のカメラ（銀塩カメラ）と違いその場ですぐに撮影内容が確認できることです。つまり，撮影が失敗しても何度でも撮り直しが可能であるというわけです。しかも，フィルムが不用のため何枚とってもフィルム代と現像代がかかりません。写真の整理保管については，コンピューターのハードディスク，MO 等の記録媒体に保管をし，専用ソフトを使用することにより検索が可能であり，世界各国どこへでもデータを瞬時に相手に送ることができます。何といっても省スペースで整理・保管することができます。

デジタルカメラを上手に使うためには，次のことに注意しましょう。

始業前点検として電池，メモリーカードの残量の確認を行い，必要であれば予備を持つことです。デジタルカメラは電池の消費が多いので，充電式のニッケル水銀電池，リチウムイオン電池といった高性能のものを使用することと，必ず予備の電池を用意しておきましょう。また，コントラスト（明暗差）の強い被写体には注意が必要です。暗いところは黒くつぶれ，明るいところは白く飛んでしまうので，黒板に書いた白い字が暗くなってしまうことがあります。いろいろな条件で撮影を行い，デジタルカメラのくせをつかんでおくことが大切です。

建設省が建設 CALS／EC のアクションプログラムを発表したことによって，2004 年の工事写真完全デジタル化は確実に実現するでしょう。デジタルカメラを使ううえでの問題は多少なりともありますが，メリットが大きいことは確かです。

デジタルカメラのおもな特徴

1 デジタルカメラの機種の選定基準

①総画素数 ➡ 80万画素以上
②記録画素数 ➡ 640×480以上
③ファイル形式 ➡ JPEG
④機能 ➡ ストロボ付き，防塵・防水機能の高いもの

2 デジタルカメラの長所

①フィルムの代わりにメモリーカードを使用するため，現像代が不要
②メモリーカードは，何度でも撮影した画像を消去することができ，失敗した画像はいったん消去し再び撮影することができる
③ほとんどの機種に液晶モニターがついているので，画像を確認しながら撮影できる
④専用のプリンターを購入すれば，パソコンを使用せずに出力が可能

3 デジタルカメラの短所

①画質は近年飛躍的に進歩しているが，普通のカメラ（銀塩カメラ）に比べると，まだ数分の１のレベルである
②現像代，フィルム代などのランニングコストはかからないが，銀塩のカメラに比べて電池の消耗は激しい
③プリントアウトを最終目的とするペーパー代は，カラーネガフィルムのペーパー代に比べてまだ高めである

タイルの材料が搬入された。さあ写真だ！ まず黒板への記入だよ。タイル材のJIS規格番号，種類，形状，寸法等，次に目地材の色調，商品名等……OK！ そしてタイル施工状況の写真を撮るよ…

工事写真帳 20　タイル工事 編

タイル張り工法別の下地処理方法

積上げ張り工法，マスク張り工法

コンクリートやモルタル下地にタイル張りする場合，下地と張付けモルタルの接着性は下地の吸水性，下地面に付着しているレイタンス，汚れなどの影響を受けるので注意する。

圧着張り工法，密着張り工法

下地側のみに張付けモルタルを塗る工法では，下地の吸水性が大きいと，張付けモルタルの締まりが早く，接着不良につながる。タイル張り前には下地の吸水調整が必要。水湿しは，タイル張り当日に下地の吸水の程度を見ながら行い，下地表面に浮き水がない状態でタイル張りを行う。

No. 1　タイル材料検収

ポイント　黒板には，種類，形状，寸法，JIS規格番号を記入し撮影する。

タイル工事
種類：YM-255
形状：二丁掛タイル

No. 2　張付け用モルタル材料

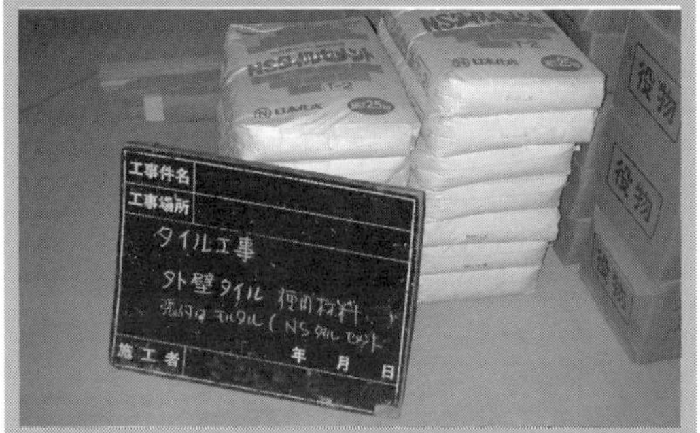

ポイント　黒板には，品名を記入し撮影する。

タイル工事
張付け用モルタル
材料名：○○○○

No. 3　下地処理

ポイント　黒板には，位置，下地処理の方法を記入し撮影する。

タイル工事
下地処理　高圧洗浄
5階北面

No. 4　張付けモルタル塗り状況

ポイント　黒板には，位置，使用材料を記入し撮影する。

タイル工事
5階西面
○○タイルセメント
○号ケイ砂

No. 5　タイル張り施工状況

ポイント　黒板には，位置を記入し撮影する。

タイル工事
タイル張り施工状況
6 階西面

No. 6　タイル打診検査

ポイント　黒板には，位置，部位検査結果を記入し撮影する。

タイル工事
タイル打診検査状況
2 階南面

参　考

下地のクラック，ジャンカ，汚れ，浮きの対応について

クラックは，程度が軽い場所は，ポリマーセメントを塗り込み，程度が大きい場所や，構造体の変動で挙動が生じるような箇所は，Ｖカットしエポキシ樹脂を充てんする。ジャンカ等は，はつり取って，下地ごしらえをやり直す。汚れは，水洗い，ケレン掛け，サンドブラスト処理，高圧水処理等を行い，完全に取り除く。下地の浮きは，テストハンマーあるいは金づち，木づちを用いて下地をたたき，その音によって判断する。

加納　すみません！ 張付け状況の写真を撮りたいので，黒板持っていただけますか？

六本木　はい，いいよ！

加納　あー，こんな狭いところに何人もいたんじゃ，何を撮っているかさっぱりわからないなァ……かと言って無人だと感じ出ないし，変に顔伏せたりすると怪しい写真みたいだし…

そうそう，足場内など狭いところで写真を撮る際には，足場材で被写体が影にならないように気をつけよう！

六本木　ここに黒板を立て掛けたらどうですか？

加納　そっ，そうですね。あーすいません，そこで手を止めてくれますか？
そうそう…そこで…

そうなんだ。写真を撮る時は，職人さんの作業を構図のよいところで止めてもらい，撮影したほうが失敗がないよ。そのかわり，段取りよく撮ってあげないと…ほら，職人さんに気の毒だぞ！

坂井所長と加納くんは明日から始まる防水工事の設計図書内容と仕様書の内容の確認を行っている
防水工事
え…!?
アスファルト防水の施工順序…ですか?
えーと…
プライマーを塗って翌日からルーフィング張りを始めます
まずは
アスファルトルーフィングを三層張ってそれから断熱材を張ります
まぁいいだろう
そこでだ
ここで大切なのは何を管理するかということだな
はい
材料ごとに写真を撮って
プライマーを塗ったあと各層ごとに張ったところから状況を撮っていきます
ふんふん
じゃー
プライマーはどのくらい塗るんだ?
仕様書にも書いてありますが0.3kg/m²です!
それは何缶?
何缶……と言いますと?
0.3kg/m²塗ったと見ただけでわかるのか?
確認しま――す!

工事写真帳 21　防水工事 編〈アスファルト防水・その１〉

防水工事は仕上がってしまうと，使用材料や下地の状況，使用量等が確認できなくなります。そのため，材料や施工状況等の記録を写真で残しておく必要があります。今回，キリヤマビル作業所ではアスファルト防水で施工されますが，その他の工法，例えばシート防水や塗膜防水についての写真撮影のポイントは，基本的にはアスファルト防水と同様に考えてよいでしょう。

Q　アスファルト防水で使用される下地処理材とは，どのようなものですか？

A　アスファルト防水で使用される下地処理材は，アスファルトプライマーといって，アスファルトを揮発性溶剤で溶解した防水施工の第一工程に用いられるものです。これを防水下地に塗布することによって，下地からの湿分の透過を防ぎ，防水層の接着性を向上させます。

Q　下地処理材の塗布量の目安は，どのくらいが適当ですか？

A　アスファルトプライマーは，１缶当たり18 kg 入りが一般的です。したがって，今回のように仕様書で0.3kg/㎡と指定された場合の塗布量は，１缶で塗布面積が60㎡と考えたらよいでしょう。

Q　下地処理材の施工で注意することは何ですか？

A　特に，塗布作業中の通風・換気と乾燥途中での降雨には注意が必要です。通風・換気の悪い場所で作業を行う場合には，引火爆発やガス中毒を起こさないよう送風を行い，慎重に作業を進めるよう指導します。また，乾燥途中での降雨の場合には，所期のアスファルト皮膜ができなくなるおそれがあるため，水分が十分乾燥したあとで再度塗り重ねる必要があります。

Q　アスファルト皮膜が乾燥状態にあるかどうか，どのように確認したらよいのですか？

A　確認の方法は，まず全体がむらなく塗布されているか目視によって行います。そして，①表面に触れてみて指に付着する部分がない，②十分硬化している，③局部的に厚くなっている皮膜内部に緩みが感じられない，④かすれやピンホールがない，などの条件を満たしていれば乾燥状態にあるといえるでしょう。

No. 1　材料検収（アスファルトプライマー）

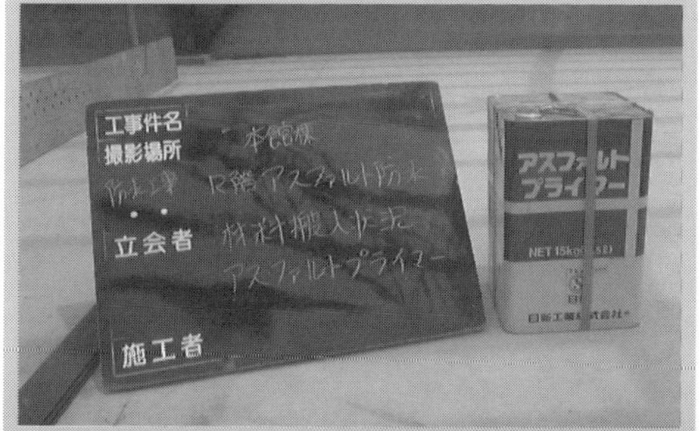

ポイント　黒板には，使用する防水材料ごとにJIS規格，種類，数量を記入し，材料ごとに分けて撮影する。

防水工事
アスファルトプライマー

No. 2　アスファルトプライマー塗布状況

ポイント　黒板には，種類，塗布方法，塗布量を記入し撮影する。

防水工事
アスファルトプライマー
塗布状況
刷毛塗り：0.3kg/㎡

翌日

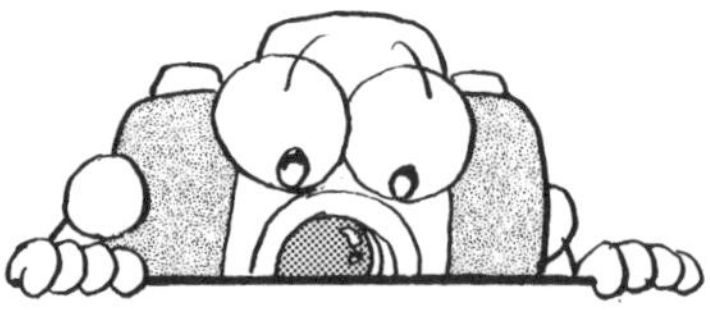

本木「それでは、下地の状況を一緒に見に行きましょう」

加納「はい。ではカメラと黒板を取ってきます」

本木「下地の状況はどうですか？」

加納「そりゃーもー完璧です。掃除もしたし、補修もしてあるし……」

屋上に向かう途中、予習のおかげか余裕が感じられる加納くんだが…

本木「よく掃除も補修もしてありますね」

「……!? あらっ、向こうの角の色が違うけど、あれは？」

加納「あっ!? あれは仮設の水道のあるところだ！

すみません…すぐに乾かします!!」

本木「プライマー塗るのに、ちゃんと確認しなければだめじゃないですか！」

加納「ちゃんと確認したのにぃ…誰だ、あそこで水使ったのは」

「バカヤロー!!」

工事写真帳 22　防水工事 編〈アスファルト防水・その2〉

下地の乾燥状態を撮影する場合に，高周波モルタル水分計やカップ式水分測定器に表示される数値がきれいに写らないことがよくあります。あらかじめこのようなことを想定し，念のため指針と測定値を下地のコンクリートに直接チョークで記入し撮影しましょう。

ところで，下地の乾燥程度はどのように判断したらよいのでしょうか？　下地の乾燥状態を判断するのに役立つ簡易判定法があるので紹介しましょう。

下地の乾燥状態の検査方法（簡易判定法）

1 高周波モルタル水分計による判定方法

コンクリートを打設してから，定期的に高周波モルタル水分計で下地の含水率を測定し，測定値に変化がなくなったときが乾燥状態である。しかしこの場合，正確な測定結果が得られるとは限らないので，コンクリート打設後の気象経過，乾燥養生日数，目視による下地面の乾き色などを総合して乾燥を確認しなければならない。水分計による測定結果は，あくまでも補助資料として使用することが望ましい。ただし，水分計で測定した値が８％以下であれば防水施工は可能。コンクリートスラブ下にデッキプレート，断熱材がある場合は，十分な乾燥が期待できず，よく乾燥しても含水率が11～15％程度であるため，露出防水は避けたほうがよい。

2 フィルム下面の結露の有無による判定方法

約1㎡の下地にポリエチレンフィルムを敷き，翌朝フィルム下面に結露がない場合には乾燥状態と判断できるが，結露水が認められる場合には，プライマーを塗布する時期を待つ。わずかに下地面が濡れ色を呈している程度で，フィルムの裏側に湿りが認められなければ，押えコンクリートを打つ場合には，防水施工が可能である。また，下地が他の部分と変わらない状態であれば，露出防水の施工が可能となる。

●不十分な乾燥状態で防水施工を行う方法

下地の乾燥が不十分な状態で，やむを得ず防水施工を行う場合には，湿潤面でも接着硬化する特殊プライマーを用いて，ふくれ上がりを防止するか，あるいは脱気工法を併用した絶縁工法を採用する。

No.1　下地処理

ポイント　黒板に，位置，処理方法，形状を記入し撮影する。

防水工事
屋上アスファルト防水
下地処理
コーナー面取り

No.2　下地の乾燥

ポイント　黒板に，位置，計測結果を記入し，乾燥している状態で撮る。

防水工事
屋上アスファルト防水
AEI法
含水率検査（8%未満）
測定値:4.8%

プライマー塗りは
昨日無事終了！
いよいよ今日から
ルーフィングの
張付けだ
職人さんが釜で
アスファルトを
溶かしている

加納　城島さん！
釜の温度計ってくれる？ 写真撮るから…

城島　えーと… 250℃だね。

加納　いいね！ じゃあ撮りますので，温度計を釜に入れてくれますか？
城島さん，溶融の温度が低くなると，接着力が低下するから気をつけて下さい。それと，高くなりすぎると引火の恐れがあるから，管理はしっかりお願いします！

城島　あいよっ。消火器もちゃんと用意してるよ!!

クスッ…マニュアル通りだ！ 防水工事の職長の城島さんも笑いをこらえてるぞ……
さて，作業は進んで一層目が張り上がり，二層目の施工が半分終わった。ここらで，加納くんは施工状況を撮ろうと，黒板に施工場所と一層，二層の材料を書いたが…

おっ
張付け状況の
写真か？
はい！
黒板をあそこに
設置して……

ちょっ…ちょっと待てよ
真っ黒いルーフィングだと
どれが一層目かわから
ないと思わないか？

ルーフィングに
一層目、二層目と
チョークで書かな
きゃ
あ…
はっはい！

工事写真帳 23　防水工事 編〈施工状況〉

さて，キリヤマビル作業所での防水工事も終盤を迎えたところで，アスファルト防水の施工手順に沿って，工事写真の撮り方のポイントを整理してみましょう。シート防水や塗膜防水など，その他の工法についても同様の手順で行います。

防水工事の施工上のポイント

1 ルーフィング類・断熱材の張付け

①ルーフィング類の張付け手順は水下から水上▶写真No. 2

②断熱材の張付けは隙間なく行う▶写真No. 6

2 補強張りが必要な場合の処理

防水層が破断しやすい部分は，主として下地に発生する亀裂や，異質材が取り合って挙動する部分に多く，押え層の変位・挙動によっても破断の損傷は起こる。したがって，防水層の上層，下層の動きをよく検討し施工する。特に，以下の項目について検討を行い，必要な場合には補強張りの処理を行う。

①コンクリートの打継ぎ部分

②下地が同質連続体でない部分▶写真No. 4
エキスパンションジョイント部，RCとALCまたはPC版の取り合う箇所，ドレーン回り，貫通管の通る箇所　等

③重量物を防水層の上に直置きする部分
周辺部にはストレッチルーフィングを増し張りする。

④露出防水層
非歩行の場合でも，角の部分（排水溝の回りなど）にはストレッチルーフィングを増し張りする。

3 張り仕舞いの点検項目

①端部に密着不良箇所がないか

②水道(みち)となるような「しわ」がないか

③刷毛または木べらなどで，各層端部がよく押さえられているか

④網状ルーフィング（補強用増し張りを含めて）の目つぶし塗りが十分か

⑤上塗りアスファルトが十分か

⑥端部押え金物の取付けに緩みがないか▶写真No. 3

⑦ゴムアスファルト系シール（設計指示がある場合）が十分か

4 防水層の漏水試験

①水張り試験▶写真No. 5
小規模の陸屋根，または屋上防水・水槽などに適用。ドレーンまたは排水溝を密閉し，水深が浅い所で5 cm以上になるよう水を張る。この場合，防水層の張り仕舞い高さを超えないこと。

②降雨による漏水試験
中規模以上の大きな陸屋根で，水張り検査用水の供給や排水処理の都合で，実際の水張り試験が困難な場合や勾配屋根で用いられる。雨量や風が少ないときには参考にならない。

5 伸縮目地の割付け

①目地幅と間隔については，パラペットまたは立上り壁の周辺（ボーダー目地）は25㎜以上，一般部は20㎜以上とし，パラペットまで達するように格子状に配置する。▶写真No. 7

②目地の固定は，防水層のエラスタイトが隙間なく付いた状態で，養生モルタルでの固定は，連続ではなくだんご状に固定する。

No. 1　アスファルトルーフィング張付け状況

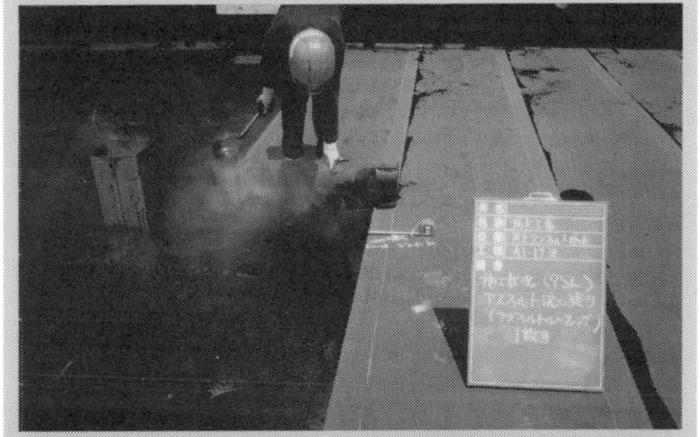

ポイント

黒板には，位置，材料名を記入し撮影する。

防水工事
屋上アスファルト防水
アスファルトルーフィング
一層目張り状況

No. 2　ルーフィング張付け状況

ポイント

黒板には，何層目か，およびルーフィングの施工状況を記入し，張付け面上にも何層目かを記入し撮影する。

防水工事
ルーフィング張付け状況
プライマー～ストレッチルーフィング（2 層目）

No. 3　押え金物

ポイント

黒板には，ピン，金物の材料，サイズ，ピンの間隔を記入し撮影する。

防水工事
アルミ FB：30mm
ピン間隔：600mm

No. 4　ドレーン回りの増し張り

ポイント

黒板には，材料名，増し張り幅を記入し撮影する。

防水工事
ドレン回り増し張り
ストレッチルーフィング
増し張り：500mm

No. 5　水張り試験

ポイント

水表面の位置を防水立上り面にマーキングし，日付を記入した状況を撮影する。

防水工事
水張り試験
試験場所：屋上

No. 6　断熱材敷込み状況

ポイント

黒板には，種別，品名，厚み，寸法を記入し撮影する。

防水工事
断熱材敷込み状況
JIS A 9511-1989
㋐25

No. 7　保護層（伸縮目地）

ポイント

黒板には，品名，目地，幅，高さ，目地間隔を記入し撮影する。

防水工事
伸縮目地取付け状況
W＝25　@3,000

彼は石工事の職人
石田厳さん
現場の段取りも
兼ねて様子を
見に来たようだ
石工事
こんちは
どーも
アンカー打って
ますから
それから石を
ここに置いて
下さい
でも加納さん
下地鉄筋の
レベルばらばら
ですよ
翌日
現場に4トン車一台分の
石材が入ってきた
この現場は敷地に余裕が
ないので何回かに分けての
搬入になるようだ
さて材料の確認写真で
石種や形状寸法等を
記載して撮影する
……で
引き金物は材質を
記入して……
ユニックとハンドパレットを
使って建物内に搬入するよ
加納くんは事務所から
石の見本を持ってきて
石と照合している
だいぶ慣れたみたいだね

工事写真帳 24　石工事 編

石工事で最も重要なのが，下地の施工です。石取付け下地は，表装材となる石材に悪影響を及ぼさないよう，安全性，耐久性を考慮して使用金物を決定しなければなりません。

つまり，石材には自重のほかに，地震力や風圧力等の外力が加わり，このような力（＝荷重）がアンカー金物によって軀体へと伝達されるために，特にアンカー金物の種類，位置，取付け方法，寸法，数量等については，十分検討する必要があります。また，取付け金物は施工方法によって，①湿式工法に使用される金物，②乾式工法に使用される金物とに大別されます。

ここで，湿式工法および乾式工法における施工上のポイントを整理してみましょう。

湿式工法および乾式工法のポイント

1 湿式工法

①使用する金物は，軀体に取り付ける引き金物，石の合端に道切りをあけて差し込むだぼ，隅角部などに用いるかすがいなど。

②金物に使用される材料は，ステンレス製（SUS 304），黄銅製（C 2,700 1/2H）など。ただし，黄銅製の金物は，外部や水がかかる箇所での使用はできない。

③施工にあたって注意することは，下地の緊結用流し鉄筋は，石の上端から引き金物を取る位置とし，通常，横目地から10～20㎜下がった位置とする。石材を錆で汚染しないように，必ず鉄筋には防錆処理を施す。石材を取り付けたあとでの溶接は原則として行わない。

2 乾式工法

①使用する金物は，上げ裏やまぐさ等の部分に取り付ける場合には，吊り金物や受け金物など，石材の自重を支える金物が必要。

②金物に使用される材料は，ステンレス製（SUS 304）。

③施工にあたって注意することは，下地コンクリートのアンカー打設部分に，コンクリート打継ぎ部や豆板，コールドジョイント，ひび割れなどがあると，アンカーの引抜き耐力が低下し，安全性が確保できない可能性があるため，アンカーの打ち換え，コンクリートの十分な補修を行わなければならない。

No. 1　材料検収

ポイント　黒板には，石種，形状，寸法，使用部位を記入し撮影する。

石工事
形状：430×380
使用部位：西面外壁

No. 2　金物

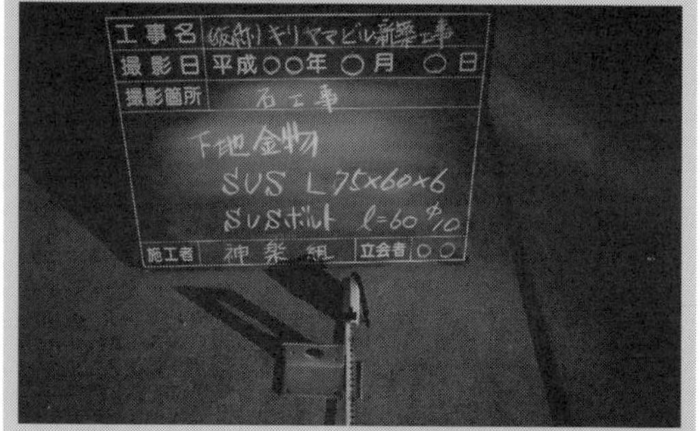

ポイント　黒板には，形状，寸法，材種を記入し撮影する。

石工事
下地金物
SUS L75×60×6
SUS ボルト：L＝60　φ10

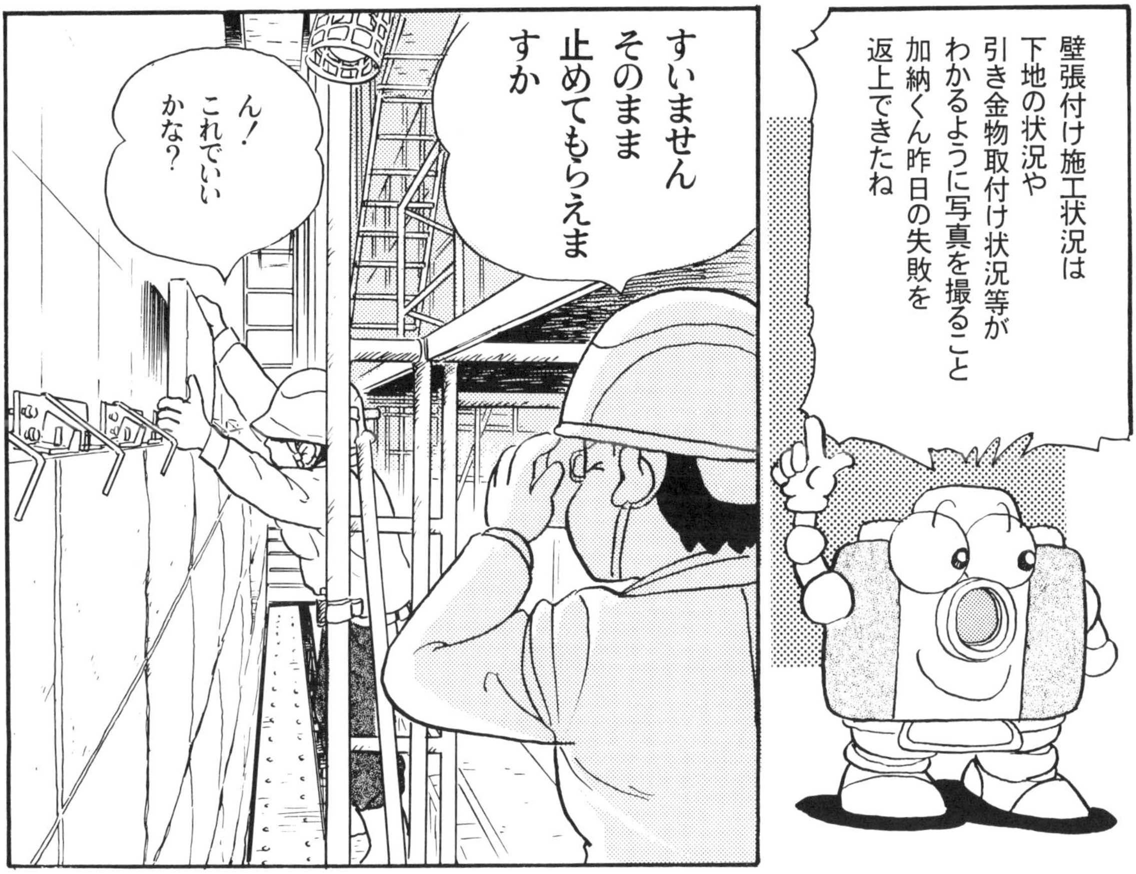

壁張付け施工状況は下地の状況や引き金物取付け状況等がわかるように写真を撮ること加納くん昨日の失敗を返上できたね
すいませんそのまま止めてもらえますか
ん！これでいいかな？

豆知識

◆タイルの接着性検査について◆

タイル施工において接着性の良否判断は，全面にわたってタイルの浮きの状態を確認する打診検査と，抜き取りによって評価する接着力試験とがあります。ここでは，この二つの方法について解説しましょう。

1 打診検査

タイル張り後，張付けモルタルが硬化してから（約２週間程度）全面にわたり，浮きがないかどうか打診用テストハンマー（パールハンマー等）を使用し検査を行います（123ページ，写真No.6）。タイル面に沿って球の部分を転がし，発する音の響きの差によって判断をします。タイルと張付けモルタルの界面での浮きは，軽く響く音がします。比較的判断のしやすい方法ですが，どの界面で剥離が生じているかの判断は経験が必要です。

2 接着力試験

タイル張り面には温度，乾燥，湿潤等の環境変化によって応力が生じます。タイルの剥離に影響を及ぼす応力は，面内方向のせん断応力と壁面に対して垂直方向の引張り応力ですが，この場合，せん断応力の影響のほうが大きいと言われています。

しかし，実際に施工したタイルの場合は，壁面に対して垂直方向にタイルを引張り，接着力の測定を行う方法が採用されています。その理由として，以下のようなことが挙げられます。

①せん断方向の接着強さと引張り方向の接着力との間には，正の相関関係がある

②現場で使えるせん断接着力を測定する試験機がない

③簡単な引張り接着力試験機が開発されている

試験機としては，建研式接着力試験機，またはこれに準ずる試験機が一般に使用されています。試験体の個数および接着強さについては，下表によります。

表 1 共通仕様書およびJASS 19における試験体の個数と接着強さの関係

	試験体の個数	接着強さ
共通仕様書	3 個以上かつ100m²，またはその端数につき 1 個以上	0.39N/mm²(手張り) 0.59N/mm²(型枠先付け)
JASS 19	必要に応じ 3 個以上，かつ200m²につき 1 個以上	0.4N/mm²(手張り) 0.6N/mm²(型枠先付け)

上記の数値は一つの目安です。単位面積当たりのタイルの接着強さは，タイルの大きさ（形，面積）によって異なるので注意が必要です。また，これらの仕様書の数値を参考に，監理者と相談のうえ決定しましょう。

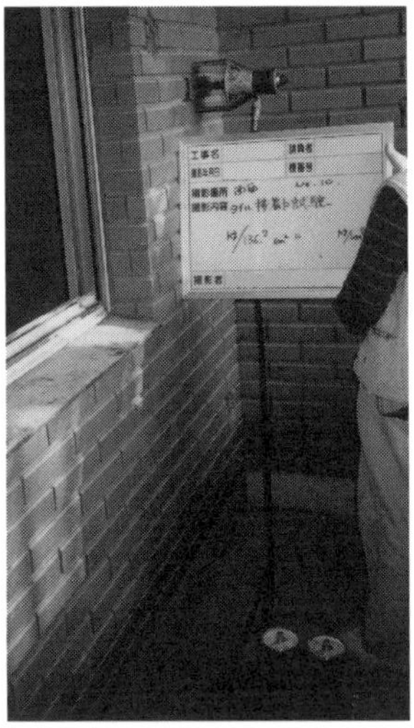

タイル接着力試験

撮影計画に役立つ工事写真 272 〈その 5〉　AA：最も重要／A：重要／B：必要

工種	No.	重要度	撮影対象	黒板のタイトル	撮影時の黒板記入事項	撮影上の留意点	数量・頻度
タイル工事	202	AA	材料搬入	タイル検収	種類，形状，寸法，JIS規格番号を記入	タイル形状，寸法，裏足形状，裏足の高さもわかるように撮影	搬入時
	203	A	材料搬入	目地材	品名，形状，寸法，JIS規格番号を記入	袋の印刷が見えるように撮影	搬入時
	204	AA	材料搬入	下地処理	位置，下地処理の方法を記入	ハイワッシャー等で水洗いした場合には，その状況を撮る	一連の作業工程
	205	A	壁下地モルタル	下地モルタル塗り	位置，塗り厚，モルタルの配合を記入		一連の作業工程
	206	AA	壁下地モルタル	モルタル打診検査	位置，部位，検査結果を記入	浮いて悪い所はチョークで記入し，手直しした状況を撮影	一連の作業工程
	207	AA	壁タイル張付け	壁施工状況	位置，部位，大きさ，工法を記入	仕様の品質がわかるように撮影	一連の作業工程
	208	B	目地	壁タイル目地詰め	位置，部位，品名を記入	仕様の品質がわかるように撮影	一連の作業工程
	209	AA	検査	伸縮目地	位置，部位，形状寸法を記入	①図示するとよい ②目地底はきれいに清掃してある状態で撮影	一連の作業工程
	210	AA	検査	タイル打診検査状況	位置，部位，検査結果を記入	浮いて悪い所はチョークで記入し，手直しした状況を撮影	一連の作業工程
	211	A	検査	タイル引張試験	位置，タイルの破断部位，破壊時の引張力を記入	試験機がわかる状態で撮影	一連の作業工程

工種	No.	重要度	撮影対象	黒板のタイトル	撮影時の黒板記入事項	撮影上の留意点	数量・頻度
タイル工事	212	A	検査	タイル引張試験	位置，タイルの破断部位，破壊時の引張力を記入	①タイルの剥離界面を記入し撮影 ②破断時の機械の目盛りも撮影	一連の作業工程
吹付け工事	213	B	吹付け	材料検収	位置，部位，品名，工法を記入	①防火認定材料等，特殊材料があれば記入 ②品名がわかるように撮影	搬入時
	214	B	吹付け	練混ぜ状況	位置，部位，品名，配合量を記入	練混ぜが完了した状態がわかる写真が必要	一連の作業工程
	215	AA	吹付け	下地処理の状況	位置，部位，方法を記入	①pHの確認を撮影 ②清掃状況も撮影	一連の作業工程
	216	B	吹付け	施工状況	位置，部位，品名，吹付け回数を記入	回数ごとに撮影	一連の作業状況
	217	AA	吹付け	塗り厚さ確認状況	計測方法，塗布量を記入	測定結果がわかる写真	一連の作業工程
アスファルト防水工事	218	A	アスファルト防水材料	材料検収	材料の種類，品名，JIS規格を記入	①プライマー，アスファルト，ルーフィング，フェルト，断熱材等使用する材料をすべて撮影 ②材料ごとに分けるとわかりやすい	搬入時
	219	A	アスファルト防水下地	下地処理	位置，処理方法を記入	①打継ぎや平場，立上りの部分的に補修した所は個別に撮影 ②入隅部は，下地状況を黒板に図示	一連の作業工程数枚
	220	AA	アスファルト防水下地	下地の乾燥	位置，計測結果を記入	数箇所計測して平均の含水率を記入し，乾燥している状態で撮影	一連の作業工程数枚
	221	A	アスファルト防水層	プライマー塗り	位置，材料名，施工方法，塗り量を記入	よい清掃の施工状況，および全体の完了状況を撮影	一連の作業工程数枚
	222	A	アスファルト防水層	アスファルトの溶融温度	工法，使用材料，溶融温度，軟化点を記入	温度計の数値はわかりにくいので，溶融温度は黒板に記入	一連の作業工程数枚
	223	A	アスファルト防水層	コンクリート打継ぎ箇所の処理	使用材料，工法を記入	仕様に合った材料，工法か確認し撮影	一連の作業工程数枚
	224	A	アスファルト防水層	張付け状況	何層目か，またアスファルトの刷毛塗り回数（上塗り，下塗りの別）を記入	①仕様に合った層数分の撮影を行う ②チョークで何層目かを施工面に記入し，入隅・出隅に分けて撮影	一連の作業工程数枚
	225	A	アスファルト防水層	張付け状況	何層目か，またルーフィングの施工状況を記入	重ねしろ，および水下側が下であることを確認	一連の作業工程数枚
	226	A	アスファルト防水層	立上り	仕様の処置内容を記入	下層ほど短くなり端部が厚くならないこと，最上層が所定の位置にあることを確認	一連の作業工程数枚
	227	A	アスファルト防水層	押え金物	ピン・金物の材料，サイズ，ピンの間隔を記入	仕様に合った材料，工法か確認し撮影	一連の作業工程数枚
	228	AA	アスファルト防水層	ドレーン回りの増し張り	材料名，増し張り幅を記入	増し張りのルーフィングの幅（100程度），平場への張り掛け（200程度）がわかるように撮影	一連の作業工程数枚
	229	AA	アスファルト防水層	断熱材の敷込み	種別，品名，厚み，寸法を記入	施工状況および断熱材の仕様がわかるように撮影	一連の作業工程数枚
	230	A	保護層	伸縮目地	品名，目地幅，高さ，目地間隔を記入	アンカー部の間隔も撮影	一連の作業工程数枚

工種	No.	重要度	撮影対象	黒板のタイトル	撮影時の黒板記入事項	撮影上の留意点	数量・頻度
防水工事アスファルト	231	A	保護層	防水押え	溶接金網の種類，寸法を記入	完了状況を撮影	一連の作業工程
	232	A	保護層	立上り部の押え	使用材料，施工方法を記入	品質がよくわかるように撮影	一連の作業工程
石工事	233	A	材料搬入	石検収	種類，形状，寸法を記入	石形状，寸法，表面仕上げもわかるように撮影	搬入時
	234	AA	下地ごしらえ	下地状況	下地の種類，使用材料を記入	部位に分けて撮影	一連の作業工程
	235	A	取付け	取付け状況	施工部位を記入	下地との取合いがわかるように撮影	一連の作業工程
金属工事（外部）	236	B	笠木	取付け下地	位置，品名，幅，形状，材種，取付け金物の間隔を記入	取付け下地が確かである状況を撮影	一連の作業工程数枚
	237	A	樋	取付け下地	位置，品名，幅，形状，材種，取付け金物の間隔を記入	取付け金物の取付け状態がわかる写真も必要	一連の作業工程数枚
	238	A	ドレーン	取付け状況	位置，品名，材種，径，固定方法を記入	コンクリート打込みの場合，養生方法を撮影	一連の作業工程数枚
	239	B	手すり	取付け下地	位置，品名，材種，径，固定方法を記入	溶接部の状態がわかる写真も撮影	一連の作業工程数枚
塗装工事	240	A	材料搬入	塗料検収	材料種別，用途，JIS規格，品名を記入	①一つの材種で使用する材料は，まとめてすべて撮影 ②缶や袋の文字が見える位置で撮影	搬入時
	241	B	下地処理	モルタル面処理状況	場所，位置，工法，使用材料，JIS規格を記入	使用している器具および施工方法がわかるように撮影	一連の作業工程数枚
	242	B	下地処理	パテかい状況	場所，位置，工法，使用材料，JIS規格を記入	使用している器具および施工方法がわかるように撮影	一連の作業工程数枚
	243	B	AEP塗り	研磨紙ずり	場所，位置，工法，使用材料，JIS規格を記入	研磨紙は＃180～240を使用	一連の作業工程数枚
	244	B	AEP塗り	塗装状況	場所，位置，工法，使用材料，JIS規格を記入	EPSの場合は下塗り，研磨紙ずり，中塗り，研磨紙ずり，上塗りの手順で撮影	一連の作業工程数枚
	245	B	SOP塗り	錆止め塗料塗り	場所，位置，工法，使用材料，JIS規格を記入	1回塗りか2回塗りか，また研磨紙ずりかを記入	一連の作業工程数枚
	246	B	SOP塗り	塗装状況	場所，位置，工法，使用材料，JIS規格を記入	仕様に合っているか確認	一連の作業工程数枚
	247	B	SOP塗り	研磨紙ずり	場所，位置，工法，使用材料，JIS規格を記入	仕様に合っているか確認	一連の作業工程数枚

注1）AEP（アクリル樹脂エマルションペイント）は，acrylic emulsion paint の略。
2）SOP（合成樹脂調合ペイント）は，synthetic resin oil paint の略。

7 章

外構工事の写真の撮り方

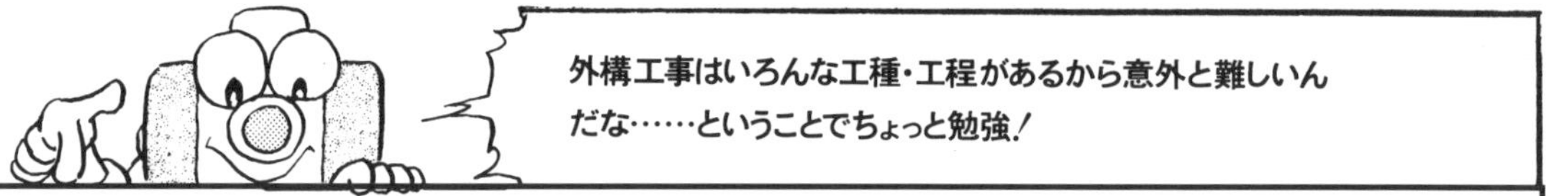

外構工事はいろんな工種・工程があるから意外と難しいんだな……ということでちょっと勉強！

解説コーナー

Q 外構工事には，どんな種類の工事があるのですか？ また，どのような手順で進めたらよいのですか？

外構工事は，建物の竣工前の大変重要な工事です。ここでは，外構工事のおもな内容と工事の流れについて，工事写真の撮影のポイントを関連づけて解説しましょう。

- **施工計画書作成** ➡ ①特記仕様書確認，②施工要領書作成，③材料の保管方法，④規格等の証明
- **材料搬入** ➡ 材料の規格，寸法を黒板に記入するとともに，黒板記入事項が確認できるように撮影する。
- **建物回り掘削** ➡ 掘削深さ・位置が確認できるように撮影する。
- **設備配管敷設** ➡ ①配管材料の規格，②配管材料の寸法，③取付け高さ，④配管の勾配，⑤固定方法の計測管理状況，が確認できるように撮影する。
- **埋戻し作業** ➡ ①埋戻し作業状況（30㎝埋め戻しては転圧，砂を用いる場合には十分に水締めを行う，を繰り返す），②良質土の確認，③配管の固定状況，が確認できるように撮影する。
- **小規模躯体工事** ➡ ①埋戻し状況，②位置，③根入れ深さ，が確認できるように撮影する。また，設備・電気工事との調整が必要。
- **舗装工事** ➡
  - **鋤取り** ⇨ ①路床レベル，②排水勾配，③新築建物・道路高さ，が確認できるように撮影する。
  - **締固め** ⇨ ①使用機械が締固めを行っている状況，②締固め後のレベル確認状況，を撮影する。
  - **砕石敷き** ⇨ ①材料の検収，②敷き厚さの確認，を撮影する。
  - **締固め** ⇨ ①使用機械が締固めを行っている状況，②締固め後の砕石厚さ確認，③レベル確認状況，を撮影する。
  - **アスファルト舗装** ⇨ ①到着・施工時の温度管理状況，②敷き厚さ確認，③締固め状況，④締固め後のアスファルト厚さの確認，⑤使用機械の管理状況，⑥建物および道路との高さ関係の確認，⑦排水勾配の確認状況，を撮影する。
- **植栽工事** ➡ ①植樹の種類の確認，②植込み部分の掘削状況を撮影する。

図1 外構工事の流れと施工手順

排水工事
地中埋設管が設置された部分の位置や深さの確認を所長と本木さんが現場で行っている
配管の勾配は?
はい 確認しております
継手部分の接着も大丈夫ですね?
えっ…!!
えっ…!?
ちょっと失礼
おーい こっち来てくれ
は?
実は…
あー大丈夫 ちゃんと接着してます
ちゃんと確認しておいてくれよ 特に施工した部分が隠れてしまうところは写真も頼むよ!
は…い
外構工事もけっこう手強いぞ
そうだ 気抜き手抜きはできないよ
うんうん

お…埋戻し工事の写真かい？
へへ今度はバッチリでしょ？
どれどれ
うーん…あれ？埋戻し土を転圧している状況の写真はどこにあるんだ？
は？
転圧だよテ・ン・ア・ツ
この写真じゃ確かに土は締め固まっているように見えるが実際にどんな機械で施工しているかわからないだろ？
まだほかにも転圧する場所があるから必ず撮っておけよ!!
はい…
しょぼん
…しかし
くっくっく!
オレはめげないっ!!
勝つ!!
そうそう
マンガのジャンル違うけどネ

工事写真帳 25　排水工事 編

キリヤマビルの地中埋設管敷設工事では，硬質塩化ビニル管を使用します。そこで，硬質塩化ビニル管の施工方法について解説しましょう。

地中埋設管敷設工事のポイント

1　根切り

①遣方を適切な間隔に設け，高低差を実測のうえ，所定の深さに根切りする。また，遣方に水糸を張り，根切りを確認する（遣方を設置しない場合はレベルで高低を確認）。
②根切り底は，かく乱しないように掘削する。
③掘りすぎた場合には，山砂等で埋め戻す。

2　埋設管敷設

①管の取扱いは慎重に行い，特に管端部にはクッション材等を挟み，破損に注意する。
②継手は，塩化ビニル管継手により冷間工法（加熱せずに強制的に配管を伸ばすこと）とし，継手には接着剤を用いる。
③管の下には，必要に応じて角材を敷く。また，勾配に合わせてくさびなどで固定し，継手作業終了後に良質土で埋め戻し，締め固める。

3　通水試験

通水試験は，排水管の端末を適切な方法で閉じ，管径の1/2程度まで注水し，継手部分の漏水および勾配の検査を行うことで，管を満水にして行う満水試験もある。

4　埋戻し

①埋戻しは，原則として根切り土の良質土とする。ただし，車等が通行する部分は，コンクリートで保護するか，川砂または浸水性の良い山砂を使用し，水締めを行う。
②土かぶりまでの埋戻しは，管の耐力の範囲内でダンパー，ランマー等で締め固める。

No.1　根切り

ポイント　掘削出来形は，遣方を設け，深さ，幅等を実測のうえ，黒板に設計値とともに記入し撮影する。

No. 2　排水管敷設状況

ポイント
①黒板には，配管径，勾配，撮影部位を記入し撮影する。その際，スタッフ，水糸を使用するとよい。
②配管を金物等で固定している場合，固定状況および金物の取付けピッチの計測状況が確認できるように撮影する。

No. 3　埋戻し工事

ポイント
①埋戻しは一度にすべてを埋めることができないため，工事の段階がわかるように撮影する。
②埋戻し部分の片づけ状況を撮影する。
③転圧状況は使用機械（締固め機械がわかるもの）がわかるように，黒板を使用して撮影する。

舗装工事
現場周囲の囲いも取り外されいよいよ工事の終盤になってきた
工事関係者の顔がいっそう鋭くなって
加納くんもはじめの頃に比べるとずいぶんきびきびしてきたようだ
路床厚さOK！あとは転圧状況の写真だけだな
レベルの写真OK
使用材料OK
今回は絶対に所長や柳瀬さんにギャフンと言わせてやるぞ！
めらめら

工事写真帳 26　舗装工事 編〈アスファルト舗装〉

さて，ここではアスファルト舗装工事の施工で，特に注意しなければならない点について解説しましょう。また，工事写真の撮影に際しては，アスファルト舗装工事はそのほとんどが地中内での施工となるため，隠ぺい部分は必ず撮影しなければなりません。

1 路床

路床は，表面からの荷重を安全に支持する部分で，この路床の状態が悪いと，その上に構成される路盤やアスファルトにまで影響するため，施工に際しては注意が必要です。また，掘削を行って地盤が軟弱な場合には，路床の改良が必要となります。

2 路盤

路盤は，交通荷重の分散，弾性支持，排水あるいは凍土防止などの役割を果たすものです。路盤の施工は，締固めが重要なポイントですから，アスファルト舗装が施工され，その上を通行する対象によっても締固め方法や施工機械が異なるので，十分な施工計画が必要です。

3 アスファルト舗装

まず，路盤の保護とアスファルト混合物との接着をよくするために，舗装面にプライムコートを散布します。次に，アスファルト混合物を敷きならし，締固め施工を行います。アスファルトは加熱されているため，現場に到着し，敷きならす前には必ず到着温度を計測し，撮影するようにしましょう。

No. 1　プライムコート散布状況

ポイント

黒板には，位置，規格，種別を記入し撮影する。

舗装工事
プライムコート散布状況
JIS K 2208
PK-3

No. 2　転圧状況

ポイント

使用機械がわかるように撮影する。

舗装工事
転圧状況

No. 3　出来形確認状況

ポイント

水糸を張りスタッフを使用し，数値が確認できるように撮影する。

舗装工事
出来形確認状況
部位：前面道路
設計値：200
実測値：200

No. 4　到着温度計測状況

ポイント

黒板には，材料名，到着温度を記入し撮影する。

舗装工事
到着温度測定状況
密粒度：As
到着温度：153°C

アスファルト舗装の施工にあたり，加納くんはアスファルト材の到着温度と，施工時の温度管理状況の写真をあわてて撮っている……

渡　おーい！ 早く写真撮ってよ。
アスファルトの温度が下がっちゃうよ。温度が低いと施工しにくいんだよ。それに仕上がりもきれいにいかないし…アスファルトの手直しって大変なんだよ！ わかってるぅ？

加納　わかってるよー。今行くからちょっと待って下さーい！ ……もう，あっちもこっちも忙し忙し!!

植栽工事

花壇の躯体工事も終わり，次は客土を投入するよ。加納くんは客土投入前の排水状況の写真を撮って…さあ，プリントができたんだが……

坂井　!?
花壇の中にごみが入っているぞ！残材を片づけてから撮らなきゃダメじゃないか!!

加納　……スミマセン
………

坂井　客土投入は明日だから，今日の作業終了時に，残材を出した業者に責任を持って片づけるよう，指示しておくようにな！

加納　…すぐ行って話してきます。

植木の位置について本木さんと所長，加納くん，それに植木屋さんの４人で打合せを行っている。我輩は，これまで殺伐とした現場写真ばかり撮ってきたが，そろそろ植物ってのも悪くないな……どんな木を植えるのかな？

本木　……
ツツジはこの辺で…

坂井　はい。加納くん，ちゃんと議事録とっておいてくれよ。

加納　はい。…でも今出てきた樹木の名前で知っていたのはひとつだけでしたよ。いろんな種類を植樹するんですね。まだまだ勉強不足だな…

坂井　私も現場でいろんな樹木を植えてきたけれど，それでもまだ知らないものがあるよ。だが一般的に知ってなきゃいけないものは，わかっているつもりだけどね。

加納　一般常識ってやつですかァ

坂井　あの大野部長は，植物に造詣が深いんですよ。自宅の庭も自ら手入れしてましてね…

本木　私はね，建築の勉強をはじめてから覚えるようになったのよ。学生時代に華道のサークルに入ってて，季節とかいわれとか，それに方位とかいろいろあって面白いのよね！

加納　ここの植栽，実の成る木はないみたいだなァ…

大野部長や本木さんの意外な一面を発見！
でも，加納くんは食えないモノには興味がないってのが，ありありとわかるねェ…

工事写真帳 27 植栽工事 編

植栽工事の施工の流れは，植栽基盤の整備を行い，そして植樹ということになります。具体的には，植栽基盤の整備とは，植物の根が支障なく伸びるように土層を整備することで，この土層を有効土層といいます。植栽基盤が整ったところで，いよいよ植樹を行うことになります。植樹作業で大切なことは，次の２点です。

①植付けは，平面図に基づいて行い，樹種・樹高・間隔・幹ぐせ・幹ぞりを考慮し周囲との調和を図り決める。

②植穴の径は，十分余裕を見て掘り，雑物を取り除いて底部を柔らかくほぐし，植込み用土を中高に盛り上げる。

表 1 樹種の分類別有効土層の関係

樹種の分類	樹木				芝・地被類
	高木			低木	
樹　高(m)	12以上	7〜12	3〜7	3以下	
有効土層(cm)	100, 120, 150	80, 100	60, 80	50, 60	20

No. 1 客土搬入状況

ポイント　黒板には，位置，断熱シート，土壌改良材等を記入し，客土搬入状況を撮影する。

植栽工事
客土搬入状況

No. 2 土壌改良材

ポイント　黒板には，商品名，数量を記入し，土壌改良材搬入状況を撮影する。

植栽工事
土壌改良材
ホワイトローム

No. 3 樹木の植付け施工状況

ポイント　黒板には位置を記入し，植付け状況がわかるように撮影する。

植栽工事
植付け施工状況

歩道切下げ工事
歩道部分は公共のものだから慎重にな！写真もだぞ
やだなァぼくはいつでも慎重です
ハハ
これはまいった！
そうだなではいつも通り頑張ってくれ！
加納くんに一本取られたってところだね
はじめはピンボケだった加納くんだけど工事写真を撮る仕事を通じて自分自身に確実に焼き付けられたものがあるね
目には見えないプリントで……そうしっかりと心にね

工事写真帳 28　歩道切下げ工事 編

切下げ工事は，大きく分けて二つに分類することができます。一つは，工事を施工するためだけに行う場合で，もう一つは，本設として工事完了後も敷地内へ車両等が入れるようにする場合です。今回のキリヤマビル作業では，工事完了後も歩道切下げを使用しますので，この工事に対する施工計画は，着工時に歩道切下げを施工する（33 ページ「工事写真帳 3」）計画と同じものとなります。

歩道部分はアスファルト舗装で，施工に際しては事前調査（25 ページ「工事写真帳 2」）が必要です。特に，地中埋設管には注意しましょう。工事車両を通行させる場合は，舗装の耐力を検討し，路床，路盤等の締固め，厚さ等を決定しなければなりません（142 ページ「工事写真帳 26」）。

歩道切下げの工事写真は，道路管理者への報告にもなりますので，十分な撮影計画に基づいて工事にかからなければなりません。

No. 1　既存舗装撤去状況

ポイント

黒板には，撤去面積，部位を記入し，どの範囲を撤去するかスタッフ，リボンテープ等を使用して撮影する。

歩道切下げ工事
平板撤去
撤去面積：21.6㎡

No. 2　路盤検寸

ポイント

黒板には，路床高さを記入し，スタッフ，水糸を張った状態で，締固め後の状況を撮影する。

歩道切下げ工事
上層路盤仕上り検寸
設計値：t=150
実測値：t=160

No. 3　転圧状況

ポイント

黒板には，何層目を転圧しているのかを記入し撮影する。

歩道切下げ工事
転圧状況
基層（2層目）

No. 4　路盤施工状況

ポイント

黒板には，路盤の厚さを記入し，スタッフ，リボンテープ等を使用して撮影する。

歩道切下げ工事
基層（2層目）仕上り検寸
設計値：t=50
実測値：t=50

撮影計画に役立つ工事写真272〈その6〉

ＡＡ：最も重要／Ａ：重要／Ｂ：必要

工種	No.	重要度	撮影対象	黒板のタイトル	撮影時の黒板記入事項	撮影上の留意点	数量・頻度
排水工事	248	A	材料	排水管（桝）材料検収	位置，材種，規格，形状，寸法，ゴム輪のJIS規格，種類を記入	その他付属材料があれば撮影	搬入時
	249	AA	排水管敷設	施工状況	位置，施工部位，管底のGLからの高さ	施工状況ならびに完了状況を撮影	一連の作業工程
	250	AA	排水管敷設	施工状況	位置，施工部位，管底のGLからの高さ	埋戻し作業で配管に支障のないことを撮影	一連の作業工程
	251	B	縁石，側溝	材料検収	規格，形状，寸法を記入	埋戻し作業で配管に支障のないことを撮影	搬入時
	252	B	側溝	側溝地業出来形	規格，形状，寸法を記入	スタッフの数値が読み取れる距離で撮影	一連の作業工程

工種	No.	重要度	撮影対象	黒板のタイトル	撮影時の黒板記入事項	撮影上の留意点	数量・頻度
排水工事	253	B	側溝	側溝地業出来形	規格，形状，寸法を記入	図にするとわかりやすい	一連の作業工程
	254	B	縁石	縁石基礎出来形	位置，施工部位，GLからの高さ，実測値，設計値を記入	図にするとわかりやすい	一連の作業工程
	255	B	縁石	縁石施工状況	位置，施工部位，GLからの高さ，実測値，設計値を記入	図にするとわかりやすい	一連の作業工程
舗装工事	256	A	路床	転圧状況	位置，GLからの高さ	締固め機器，および盤のうみや不陸がないことを確認できるように撮影	一連の作業工程
	257	A	路床	出来形確認状況	位置，GLからの高さ	盤のうみや不陸がないことを確認できるように撮影	一連の作業工程
	258	A	路盤	転圧状況	位置，GLからの高さ	締固め機器，転圧結果が確認できるように撮影	一連の作業工程
	259	A	路盤	現場密度試験	位置，試験方法，測定値を記入	試験の内容がわかる写真	一連の作業工程
	260	A	路盤	出来形確認状況	位置，GLからの高さ	全体と測定数値がわかる写真とを分けて撮影	一連の作業工程
	261	A	アスファルト舗装	プライムコート散布状況	位置，規格，種別を記入	散布の品質がわかる写真	一連の作業工程
	262	B	アスファルト舗装	締固め状況	位置，GLからの高さ	締固め機器の名称を記入	一連の作業工程
	263	A	アスファルト舗装	試験体採取状況	位置，資料番号，実測値および設計値を記入	スタッフの数値がわかる写真	一連の作業工程
	264	A	アスファルト舗装	施工完了状況	位置，GLからの高さ	水たまり，不陸のないことを確認	一連の作業工程
植栽工事	265	B	材料	高(低)木材料検収	葉張り，樹高，幹回り寸法の設計値および実測値の記入	仕様，数量に間違いのないことを確認	搬入時
	266	B	材料	支柱材料検収	末口，長さの設計値および実測値の記入	仕様，数量に間違いのないことを確認	搬入時
	267	B	材料	土壌改良材検収	商品名，数量を記入		搬入時
	268	A	植込み用土	下地状況	位置，排水方法を記入	客土搬入場所の清掃がわかる写真	一連の作業工程
	269	A	植込み用土	客土搬入状況	位置，断根シート，土壌改良材等の記入	土壌改良材を使用する場合，指定量を記入	一連の作業工程
	270	A	植付け	客土の出来形	位置，客土の設計値および実測値を記入	数値がわかる写真	一連の作業工程
	271	A	植付け	はち土の形状	根元直径，はち土径の実測値を記入	数値がわかる写真	一連の作業工程
	272	B	植付け	樹木の植付け	位置	完了時の状況も撮影	一連の作業工程

◎マンガ作成にあたり参考にした書籍

『建築用語辞典』建築用語辞典編集委員会編，技報堂出版
『空気調和・衛生工学会規格　HASS 206-1991　給排水設備基準・同解説』(社)空気調和・衛生工学会
『建築工事監理指針（上巻）　平成 9 年版』建設大臣官房官庁営繕部監修，(社)公共建築協会
『建設工事監理指針（下巻）　平成 9 年版』建設大臣官房官庁営繕部監修，(社)公共建築協会
『建設工事共通仕様書　平成 9 年版』建設大臣官房官庁営繕部監修，(社)公共建築協会
『工事写真の撮り方　建築編（改訂第 2 版）』建設大臣官房官庁営繕部監修，(社)公共建築協会
『鉄筋のガス圧接工事標準仕様書』(社)日本圧接協会
『建築工事標準仕様書・同解説 JASS 3 土工事および山留め工事』(社)日本建築学会
『建築工事標準仕様書・同解説 JASS 4 地業および基礎スラブ工事』(社)日本建築学会
『建築工事標準仕様書・同解説 JASS 5 鉄筋コンクリート工事』(社)日本建築学会
『建築工事標準仕様書・同解説 JASS 6 鉄骨工事』(社)日本建築学会
『建築工事標準仕様書・同解説 JASS 8 防水工事』(社)日本建築学会
『建築工事標準仕様書・同解説 JASS 9 張り石工事』(社)日本建築学会
『建築工事標準仕様書・同解説 JASS 19 陶磁器質タイル張り工事』(社)日本建築学会
『建築工事標準仕様書・同解説 JASS 26 内装工事』(社)日本建築学会
『鉄骨工事技術指針・工場製作編』(社)日本建築学会
『鉄骨工事技術指針・工事現場施工編』(社)日本建築学会
『鉄筋コンクリート造配筋指針・同解説』(社)日本建築学会
『上級者のための建築鉄骨外観検査の手引き』(財)日本溶接技術センター監修，鋼構造出版

◎引用文献

引用＊1 『ゼネコンの鉄骨管理ノウハウ』鉄骨専門部会編，(社)建築業協会，143 頁
＊2 『建築工事標準仕様書・同解説 JASS 5 鉄筋コンクリート工事』(社)日本建築学会，288 頁，表 11.5
＊3 同上，335 頁，表 13.3
＊4 『建築工事標準仕様書・同解説 JASS 26 内装工事』(社)日本建築学会，149 頁，表 4.1
＊5 同上，150 頁，解説図 4.3
＊6 同上，156 頁，解説図 4.6
＊7 同上，90 頁，解説表 3.20
＊8 『建築技術増刊　Vol. 3 No. 477』建築技術，294 頁，表 11.24

◎写真提供

イーエムテック株式会社
株式会社ガイアートクマガイ
日建工業株式会社

●技術解説
佐塚和夫（さづか かずお）
株式会社熊谷組建築事業本部工事管理部長
柳澤忠智（やなぎさわ ただとも）
株式会社熊谷組建築事業本部工事管理部副長
飯島宣章（いいじま のりあき）
株式会社熊谷組東京支店建築部副長
辰巳尚人（たつみ なおと）
株式会社熊谷組横浜支店建築部係長
高橋正浩（たかはし まさひろ）
株式会社熊谷組建築事業本部建築技術部

●執筆協力
高橋賢二（たかはし けんじ）
株式会社熊谷組設計本部首都圏グループ工事監理部課長
佐々木達朗（ささき たつろう）
株式会社熊谷組横浜支店建築部担当課長
半田庸晃（はんだ のぶあき）
株式会社熊谷組名古屋支店建築部副長

●脚本
石井圭子（いしい けいこ）

●マンガ
すずき清志（すずき せいし）

マンガで学ぶ 建築工事写真の撮り方

2000年2月20日　第1版第1刷発行
2025年6月10日　第1版第14刷発行

編　者　工事写真品質向上研究会 ©
まんが　すずき清志 ©
発行者　石川泰章
発行所　株式会社 井上書院
東京都文京区湯島2-17-15 斎藤ビル
電話(03)5689-5481　FAX(03)5689-5483
https://www.inoueshoin.co.jp/
振替 00110-2-100535
装　幀　浅香ひろみ
印刷所　株式会社東京プリント印刷
製本所　誠製本株式会社

ISBN 978-4-7530-0612-0　C3052　Printed in Japan